AF275185

Disfrute gratuitamente **DURANTE UN AÑO** de los eBook y audiolibros de las obras de Editorial Colex*

- ⊘ Acceda a la página web de la editorial **www.colex.es**

- ⊘ Identifíquese con su usuario y contraseña. En caso de no disponer de una cuenta regístrese.

- ⊘ Acceda en el menú de usuario a la pestaña «Mis códigos» e introduzca el que aparece a continuación:

RASCAR PARA VISUALIZAR EL CÓDIGO

- ⊘ Una vez se valide el código, aparecerá una ventana de confirmación y su eBook y/o audiolibro estará disponible **durante 1 año desde su activación** en la pestaña «Mis libros» en el menú de usuario.

---

* Los audiolibros están disponibles en las ediciones más recientes de nuestras obras. Se excluyen expresamente las colecciones «Códigos comentados», «Biblioteca digital» y los productos de www.vademecumlegal.es.

¡Gracias por confiar en nosotros!

La obra que acaba de adquirir incluye de forma gratuita la versión electrónica. Acceda a nuestra página web para aprovechar todas las funcionalidades de las que dispone en nuestro lector.

Funcionalidades eBook

Acceso desde cualquier dispositivo con conexión a internet

Idéntica visualización a la edición de papel

Navegación intuitiva

Tamaño del texto adaptable

Síguenos en: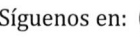

RECLAMACIONES AÉREAS

RECLAMACIONES AÉREAS

Análisis legislativo y jurisprudencial de los derechos de los pasajeros en el transporte aéreo y de las distintas vías de reclamación

2.ª EDICIÓN 2025

Obra realizada por el Departamento de Documentación de Iberley

COLEX 2025

© Editorial Colex, S.L.
Calle Costa Rica, número 5, 3.º B (local comercial)
A Coruña, 15004, A Coruña (Galicia)
info@colex.es
www.colex.es

I.S.B.N.: 978-84-1194-832-6
Depósito legal: C 14-2025

SUMARIO

ANEXO I. CASOS PRÁCTICOS

ANEXO II. FORMULARIOS

0.
INTRODUCCIÓN

Para analizar los derechos de los pasajeros y pasajeras frente a las compañías aéreas hay que acudir a la siguiente normativa:

- Reglamento (CE) n.º 261/2004, del Parlamento Europeo y del Consejo, de 11 de febrero de 2004, por el que se establecen normas comunes sobre compensación y asistencia a los pasajeros aéreos en caso de denegación de embarque y de cancelación o gran retraso de los vuelos.

- Reglamento (CE) n.º 1107/2006, del Parlamento Europeo y del Consejo, de 5 de julio de 2006, sobre los derechos de las personas con discapacidad o movilidad reducida en el transporte aéreo.

- Convenio para la unificación de ciertas reglas para el transporte aéreo internacional, hecho en Montreal el 28 de mayo de 1999.

La primera norma mencionada, el **Reglamento (CE) n.º 261/2004, del Parlamento Europeo y del Consejo, de 11 de febrero de 2004**, es aplicable a:

- Los pasajeros que partan de un aeropuerto situado en el territorio de un Estado miembro sujeto a las disposiciones del Tratado.

- Los pasajeros que partan de un aeropuerto situado en un tercer país con destino a otro situado en el territorio de un Estado miembro sujeto a las disposiciones del Tratado.

En cuanto a los transportistas aéreos, el mismo será aplicable a cualquiera encargado de efectuar un vuelo que proporcione transporte a los pasajeros a los que se hace referencia en los puntos anteriores.

Asimismo, este reglamento no será de aplicación a los pasajeros que viajen gratuitamente o con un billete de precio reducido que no esté directa o indirectamente a disposición del público. No obstante, se aplicará a los pasajeros que posean billetes expedidos, dentro de programas para usuarios habituales u otros programas comerciales, por un transportista aéreo o un operador turístico.

En el Reglamento (CE) n.º 261/2004, del Parlamento Europeo y del Consejo, de 11 de febrero de 2004, se establecen los derechos mínimos que asistirán a los pasajeros en caso de:

– Denegación de embarque contra su voluntad.

– Cancelación del vuelo.

– Retraso del vuelo.

– Así como, en casos de cambio de clase.

Por su parte, el **Reglamento (CE) n.º 1107/2006, del Parlamento Europeo y del Consejo, de 5 de julio de 2006**, ha supuesto innegables ventajas para las personas con discapacidad o movilidad reducida, sin embargo, algunas de sus disposiciones se han interpretado y aplicado de manera diferente por los organismos nacionales encargados de velar por su cumplimiento, los aeropuertos y las compañías aéreas.

El objetivo, de este reglamento es establecer las normas de protección y asistencia de las personas con discapacidad o movilidad reducida en el transporte aéreo, tanto para protegerlas de la discriminación como para asegurar que reciban asistencia.

Por lo que, las disposiciones del presente reglamento serán aplicables a las personas con discapacidad o movilidad reducida que utilicen o pretendan utilizar vuelos comerciales de pasajeros que salgan de los aeropuertos situados en el territorio de un Estado miembro sujeto a las disposiciones del Tratado, lleguen a esos aeropuertos o transiten por ellos.

Por último, **el Convenio para la unificación de ciertas reglas para el transporte aéreo internacional, hecho en Montreal el 28 de mayo de 1999**, únicamente será de aplicación en España respecto de aquellas incidencias que quedan fuera de los dos anteriores reglamentos.

En cuanto al ámbito de aplicación, el Convenio de Montreal se aplica a todo transporte internacional de personas, equipaje o carga efectuado en aeronaves, a cambio de una remuneración. Asimismo, se aplica al transporte gratuito efectuado en aeronaves por una empresa de transporte aéreo.

Es necesario aclarar en este punto que transporte internacional a efectos del Convenio de Montreal es todo transporte en que, conforme a lo estipulado por las partes, el punto de partida y el punto de destino, haya o no interrupción en el transporte o transbordo, están situados, bien en el territorio de dos Estados parte, bien en el territorio de un solo Estado parte si se ha previsto una escala en el territorio de cualquier otro Estado, aunque este no sea un Estado parte. El transporte entre dos puntos dentro del territorio de un solo Estado parte, sin una escala convenida en el territorio de otro Estado, no se considerará transporte internacional para los fines del citado convenio.

El Convenio de Montreal también se aplicará a los transportes aéreos efectuados por una persona distinta del transportista contractual.

En cuanto a las **reclamaciones**, nos encontramos ante tres tipos de reclamación que pueden utilizar los pasajeros y pasajeras frente a la compañía aérea:

– **Reclamación directamente ante la compañía aérea**: esta reclamación será el trámite previo al procedimiento alternativo de resolución de litigios ante AESA, y esta deberá de acompañarse de la documentación pertinente a efectos de hacer valer los derechos del pasajero o pasajera afectado/a.

- **Reclamación ante AESA**: esta reclamación deriva del incumplimiento de lo previsto en los citados Reglamentos (CE) n.º 261/2004, de 11 de febrero de 2004, y n.º 1107/2006, de 5 de julio de 2006, esto es, en materia de denegaciones de embarque, cancelaciones, retrasos, cambios de clase y derechos de personas con discapacidad o movilidad reducida. Y en el procedimiento de reclamación ante AESA distingue entre los vuelos anteriores al 1 de junio de 2023 y los vuelos posteriores al 2 de junio de 2023.

- **Reclamación vía judicial**: si con las reclamaciones anteriores la persona afectada no viere solventadas sus pretensiones podrá acudir a los tribunales competentes en su caso para su resolución.

Además de todo lo anterior, en la presente guía se analizan diferentes casuísticas que se pueden plantear a la hora de coger un vuelo con especial referencia a las circunstancias extraordinarias que pueden exonerar de responsabilidad a la compañía aérea y a los viajes combinados.

1.
LOS DERECHOS DE LOS PASAJEROS. NORMATIVA APLICABLE

Reglamento (CE) n.º 261/2004, del Parlamento Europeo y del Consejo, de 11 de febrero de 2004, por el que se establecen normas comunes sobre compensación y asistencia a los pasajeros aéreos en caso de denegación de embarque y de cancelación o gran retraso de los vuelos

De acuerdo con el **artículo 3 del Reglamento (CE) n.º 261/2004, del Parlamento Europeo y del Consejo, de 11 de febrero de 2004**, el mismo es aplicable a:

- Los **pasajeros que partan de un aeropuerto situado en el territorio de un Estado miembro sujeto a las disposiciones del Tratado.** Dichos pasajeros tendrán que:

    - Disponer de una reserva confirmada en el vuelo de que se trate y, excepto en el caso de la cancelación, presentarse a facturación en las condiciones requeridas y a la hora indicada previamente y por escrito (inclusive por medios electrónicos) por el transportista aéreo, el operador turístico o un agente de viajes autorizado, o bien, de no indicarse hora alguna, con una antelación mínima de 45 minutos respecto de la hora de salida anunciada.

    - O haber sido transbordados por un transportista aéreo u operador turístico del vuelo para el que disponían de una reserva a otro vuelo, independientemente de los motivos que haya dado lugar al transbordo.

- Los **pasajeros que partan de un aeropuerto situado en un tercer país con destino a otro situado en el territorio de un Estado miembro** sujeto a las disposiciones del Tratado, a menos que disfruten de beneficios o compensación y de asistencia en ese tercer país, cuando el transportista aéreo encargado de efectuar el vuelo en cuestión sea un transportista comunitario.

En cuanto a los transportistas aéreos, el mismo será aplicable a cualquiera encargado de efectuar un vuelo que proporcione transporte a los pasajeros a los que se hace referencia en los puntos anteriores.

A TENER EN CUENTA. Cuando un transportista aéreo encargado de efectuar un vuelo que no tenga contrato con el pasajero dé cumplimiento a obligaciones en virtud del presente Reglamento, se considerará que lo hace en nombre de la persona que tiene un contrato con el pasajero.

Asimismo, el citado reglamento se aplicará solo a los pasajeros transportados por aviones motorizados de ala fija.

Pero **¿a quién no se le aplicará el reglamento?** A los pasajeros que viajen gratuitamente o con un billete de precio reducido que no esté directa o indirectamente a disposición del público. No obstante, se aplicará a los pasajeros que posean billetes expedidos, dentro de programas para usuarios habituales u otros programas comerciales, por un transportista aéreo o un operador turístico.

CUESTIÓN

¿El citado reglamento será de aplicación a los viajes combinados?

Según lo dispuesto en su artículo 3 no se aplicará cuando un viaje combinado se cancele por motivos que no sean la cancelación del vuelo. Asimismo, el reglamento se entenderá sin perjuicio de los derechos que asisten a los pasajeros en virtud de la Directiva 90/314/CEE, de 13 de junio de 1990, si bien, tener en cuenta que esta última ha sido derogada por la Directiva (UE) 2015/2302 del Parlamento Europeo y del Consejo, de 25 de noviembre de 2015, relativa a los viajes combinados y a los servicios de viaje vinculados.

¿Cuáles son los derechos de los pasajeros reconocidos en el Reglamento (CE) n.º 261/2004, del Parlamento Europeo y del Consejo, de 11 de febrero de 2004?

En el Reglamento (CE) n.º 261/2004, del Parlamento Europeo y del Consejo, de 11 de febrero de 2004, se establecen los derechos mínimos que asistirán a los pasajeros en caso de:

– Denegación de embarque contra su voluntad.

– Cancelación del vuelo.

– Retraso del vuelo.

– Así como, en casos de cambio de clase.

Sin perjuicio del examen de cada uno de estos supuestos al tratar de las reclamaciones basadas en las referidas incidencias en los temas correspondientes, cabe señalar que el Reglamento (CE) n.º 261/2004, del Parlamento Europeo y del Consejo, de 11 de febrero de 2004, en tales casos, reconoce a los pasajeros, fundamentalmente, los siguientes derechos:

Derecho de compensación [art. 7 del Reglamento (CE) n.º 261/2004, de 11 de febrero de 2004]

Cuando se reconozca el derecho de compensación de los pasajeros esta será de:

Vuelos de hasta 1500 km	250 euros
Vuelos intracomunitarios de más de 1500 km	400 euros
Vuelos no intracomunitarios de entre 1500 km y 3500 km	400 euros
Demás vuelos (más de 3500 km)	600 euros

Asimismo, se podrá reducir la compensación en un 50 % en caso de que se ofrezca a los pasajeros la posibilidad de ser conducidos hasta el destino final en un transporte alternativo con una diferencia en la hora de llegada respecto a la prevista para el vuelo inicialmente reservado:

- Que no sea superior a 2 horas, para todos los vuelos de 1500 km o menos.

- Que no sea superior a 3 horas, para todos los vuelos intracomunitarios de más de 1500 km y para todos los demás vuelos de entre 1500 y 3500 km.

- Que no sea superior a 4 horas, para todos los vuelos no comprendidos en los dos puntos anteriores.

> **A TENER EN CUENTA.** Las distancias anteriores se calcularán en función del método de la ruta ortodrómica.

En cuanto al **abono de la compensación ¿cómo se hará?** En metálico, por transferencia bancaria electrónica, transferencia bancaria, cheque o, previo acuerdo firmado por el pasajero, bonos de viaje u otros servicios.

Derecho de reembolso [art. 8 del Reglamento (CE) n.º 261/2004, de 11 de febrero de 2004]

Cuando así se prevea, se les ofrecerán a los pasajeros las siguientes opciones:

- El **reembolso en 7 días del coste íntegro del billete en el precio al que se compró,** correspondiente a la parte o partes del viaje no efectuadas y a la parte o partes del viaje efectuadas, si el vuelo ya no tiene razón de ser en relación con el plan de viaje inicial del pasajero, junto con, cuando proceda, un vuelo de vuelta al primer punto de partida lo más rápidamente posible.

- La **conducción hasta el destino final, en condiciones de transporte comparables,** los más rápido posible.

- La **conducción hasta el destino final en condiciones de transporte comparables,** en una fecha posterior que convenga al pasajero, en función de los asientos disponibles.

CUESTIÓN

¿Qué sucede en el caso de que se le ofrezca al pasajero un vuelo a otro aeropuerto distinto de aquel para el que se efectuó la reserva?

En el caso de las ciudades o regiones en las que existan varios aeropuertos, si el transportista aéreo encargado de efectuar el vuelo ofrece al pasajero un vuelo a otro aeropuerto distinto de aquel para el que se efectuó la reserva, deberá correr con los gastos de transporte del pasajero desde ese segundo aeropuerto, bien hasta el aeropuerto para el que efectuó la reserva, bien hasta otro lugar cercano convenido con el pasajero.

Derecho de atención [art. 9 del Reglamento (CE) n.º 261/2004, de 11 de febrero de 2004]

Este derecho se concreta, con especial atención, en su caso, a las necesidades de las personas con movilidad reducida y de sus acompañantes, así como de los menores no acompañados, en ofrecer a los pasajeros de forma gratuita:

– **Comida y refrescos suficientes**, en función del tiempo que sea necesario esperar.

– **Alojamiento en un hotel en caso de que el pasajero tenga que pernoctar una o varias noches** o en caso de que sea necesaria una estancia adicional a la prevista por el pasajero.

– **Transporte entre el aeropuerto y el lugar de alojamiento** (hotel u otros).

– **Dos llamadas** telefónicas, télex o mensajes de fax, o correos electrónicos.

Derecho de reparación [art. 13 del Reglamento (CE) n.º 261/2004, de 11 de febrero de 2004]

En relación con lo previsto en el citado **Reglamento (CE) n.º 261/2004, de 11 de febrero de 2004**, cabe destacar que el cumplimiento por el transportista aéreo encargado de efectuar el vuelo de lo que aquel le impone, no podrá entenderse como una limitación de su derecho a reclamar una compensación a cualquier otra persona, incluidos terceros, conforme a la legislación aplicable. De modo que:

– El reglamento no limita en ningún modo el derecho del transportista aéreo encargado de efectuar el vuelo de tratar de lograr que un operador turístico u otra persona con quien aquel tiene un contrato le reembolse.

– Ninguna disposición del referido reglamento podrá interpretarse como una restricción al derecho del operador turístico o de un tercero, no pasajero, con quien el transportista aéreo encargado de efectuar el vuelo tenga un contrato, de solicitar de este último el reembolso o una compensación con arreglo a la legislación aplicable en la materia.

| Derecho de información de los pasajeros [art. 14 del Reglamento (CE) n.º 261/2004, de 11 de febrero de 2004]

El transportista aéreo encargado de efectuar el vuelo está obligado a prestar información a los pasajeros, pero ¿en qué consiste tal obligación?

- En poner a disposición de aquellos de forma visible en el mostrador de facturación un anuncio que indique la posibilidad de solicitar, en caso de denegación de embarque, cancelación o retraso de su vuelo superior a dos horas, un texto informativo de sus derechos.

- En caso de denegación de embarque o cancelación del vuelo, deberá proporcionarles un impreso en el que indique las normas sobre compensación y asistencia. Impreso equivalente ha de proporcionarse a cada uno de los pasajeros afectados por un retraso de al menos dos horas.

En lo que se refiere a la información de contacto del organismo nacional encargado del cumplimiento del Reglamento (CE) n.º 261/2004, de 11 de febrero de 2004 —en España, AESA—, aquella debe facilitarse por escrito.

A TENER EN CUENTA. Lo previsto en el Reglamento (CE) n.º 261/2004, de 11 de febrero de 2004, se entiende aplicable sin perjuicio de los derechos de los pasajeros a obtener una compensación suplementaria, de hecho, la compensación que en su caso se conceda conforme al citado Reglamento podrá deducirse de aquella [art. 12 del Reglamento (CE) n.º 261/2004, de 11 de febrero de 2004]. En cuanto al concepto de «compensación suplementaria», el TJUE en su **sentencia n.º C-83/10, de 13 de octubre de 2011, ECLI:EU:C:2011:652**, señala:

«(...) debe interpretarse en el sentido de que permite al juez nacional conceder, en las condiciones previstas por el Convenio de Montreal o por el Derecho nacional, indemnización de daños y perjuicios, incluidos los daños morales, por incumplimiento del contrato de transporte aéreo. En cambio, dicho concepto de "compensación suplementaria" no puede servir de fundamento jurídico al juez nacional para condenar al transportista aéreo a reembolsar a los pasajeros cuyo vuelo haya sido retrasado o cancelado los gastos que éstos hayan tenido que efectuar a causa del incumplimiento, por parte de dicho transportista, de las obligaciones de asistencia y atención previstas en los artículos 8 y 9 de este Reglamento».

Reglamento (CE) n.º 1107/2006, del Parlamento Europeo y del Consejo, de 5 de julio de 2006, sobre los derechos de las personas con discapacidad o movilidad reducida en el transporte aéreo

El Reglamento (CE) n.º 1107/2006, del Parlamento Europeo y del Consejo, de 5 de julio de 2006, ha supuesto innegables ventajas para las personas con discapacidad o movilidad reducida, sin embargo, algunas de sus disposiciones se han interpretado y aplicado de manera diferente por los organismos nacionales encargados de velar por su cumplimiento, los aeropuertos y las compañías aéreas.

Por este motivo, la **Comisión publicó en el año 2012 una serie de directrices interpretativas** a fin de proporcionar orientaciones sobre la interpretación y aplicación de una serie de disposiciones del citado reglamento. Aquellas han sido actualizadas por el **nuevo documento de la Comisión de «Aplicación de las directrices interpretativas relativas al Reglamento (CE) n.º 1107/2006 del Parlamento Europeo y del Consejo, sobre los derechos de las personas con discapacidad o movilidad reducida en el transporte aéreo» publicado en el DOUE de 4 de octubre de 2024.** En su introducción señala este documento:

> «Las presentes directrices interpretativas tienen por objeto aclarar las disposiciones del Reglamento (CE) n.o 1107/2006 y promover las mejores prácticas a fin de garantizar una mejor aplicación y un control del cumplimiento más eficaz y coherente de las disposiciones de dicho Reglamento. Sin embargo, no pretenden abarcar todas las disposiciones de forma exhaustiva, ni tampoco crean nuevas disposiciones legales. Asimismo, cabe señalar que las directrices interpretativas **no son jurídicamente vinculantes ni afectan a ninguna interpretación del Derecho de la Unión dada por el Tribunal de Justicia de la Unión Europea.** Las presentes directrices interpretativas sustituyen a las de 2012».

Centrándonos ya en el Reglamento (CE) n.º 1107/2006, del Parlamento Europeo y del Consejo, de 5 de julio de 2006, su **objetivo es establecer las normas de protección y asistencia de las personas con discapacidad o movilidad reducida en el transporte aéreo,** tanto para protegerlas de la discriminación como para asegurar que reciban asistencia.

Por lo que, las **disposiciones del presente reglamento serán aplicables a las personas con discapacidad o movilidad reducida** que utilicen o pretendan utilizar vuelos comerciales de pasajeros que salgan de los aeropuertos situados en el territorio de un Estado miembro sujeto a las disposiciones del Tratado, lleguen a esos aeropuertos o transiten por ellos.

El citado reglamento no afectará a la aplicación de los derechos de los pasajeros establecidos en el Reglamento (CE) n.º 261/2004, de 11 de febrero de 2004, y en la Directiva 90/314/CEE, de 13 de junio de 1990.

> **A TENER EN CUENTA.** La Directiva 90/314/CEE del Consejo, de 13 de junio de 1990, relativa a los viajes combinados, las vacaciones combinadas y los circuitos combinados, ha sido derogada por la Directiva (UE) 2015/2302 del Parlamento Europeo y del Consejo, de 25 de noviembre de 2015, relativa a los viajes combinados y a los servicios de viaje vinculados.

Asimismo, en la medida que las disposiciones del Reglamento (CE) n.º 1107/2006, del Parlamento Europeo y del Consejo, de 5 de julio de 2006, entren en conflicto con las de la Directiva 96/67/CE, de 15 de octubre de 1996, prevalecerá aquel Reglamento.

> **A TENER EN CUENTA.** La Directiva 96/67/CE del Consejo de 15 de octubre de 1996 relativa al acceso al mercado de asistencia en tierra en los aeropuertos de

la Comunidad, ha sido modificada —se suprime el apartado 4 de su artículo 1— por la Decisión (UE) 2024/1254 del Parlamento Europeo y del Consejo, de 24 de abril de 2024, en lo que respecta a determinadas obligaciones de presentación de información en los ámbitos del transporte por carretera y de la aviación.

CUESTIÓN

El Reglamento (CE) n.º 1107/2006, del Parlamento Europeo y del Consejo, de 5 de julio de 2006 sobre los derechos de las personas con discapacidad o movilidad reducida en el transporte aéreo, ¿se aplicará al aeropuerto de Gibraltar?

La aplicación de las disposiciones del referido reglamento al aeropuerto de Gibraltar se entenderá sin perjuicio de las respectivas posiciones jurídicas del Reino de España y del Reino Unido de Gran Bretaña e Irlanda del Norte acerca de la controversia respecto de la soberanía sobre el territorio en el que el aeropuerto se encuentra situado.

A TENER EN CUENTA. Las disposiciones relativas a una mayor cooperación en el uso del aeropuerto de Gibraltar fueron el resultado de un acuerdo alcanzado en Londres el 2 de diciembre de 1987 por el Reino de España y el Reino Unido de Gran Bretaña e Irlanda del Norte en una declaración conjunta de los ministros de Asuntos Exteriores de ambos países. Dichas disposiciones todavía no se han aplicado. Así, la aplicación de las disposiciones del Reglamento (CE) n.º 1107/2006, del Parlamento Europeo y del Consejo, de 5 de julio de 2006 quedará suspendida hasta que comience la aplicación del régimen contenido en la Declaración conjunta de los Ministros de Asuntos Exteriores del Reino de España y del Reino Unido de Gran Bretaña e Irlanda del Norte de 2 de diciembre de 1987. Los Gobiernos de España y del Reino Unido informarán al Consejo sobre dicha fecha de aplicación.

Lo dispuesto en el citado reglamento con respecto a la **prohibición de denegar el embarque, excepciones, condiciones especiales e información y asistencia prestada por las compañías aéreas,** se aplicará, también, a los pasajeros que salgan de un aeropuerto situado en un tercer país con destino a otro aeropuerto situado en el territorio de un Estado miembro sujeto a las disposiciones del Tratado, si la compañía aérea operadora es comunitaria.

¿Pueden negarse las compañías aéreas, sus agentes o los operadores turísticos, a aceptar una reserva o denegarle el embarque a una persona por motivos de discapacidad o movilidad reducida?

Como regla general, en base al artículo 3 del Reglamento (CE) n.º 1107/2006, del Parlamento Europeo y del Consejo, de 5 de julio de 2006, la respuesta ha de ser negativa, lo que conlleva a que no podrán negarse alegando discapacidad o movilidad reducida del pasajero a:

– Aceptar una reserva para un vuelo que salga de o llegue a un aeropuerto sujeto a las disposiciones del citado reglamento.

– Embarcar a una persona con discapacidad o movilidad reducida en un aeropuerto de este tipo, siempre que la persona de que se trate disponga de un billete válido y de una reserva.

No obstante, **¿existe alguna excepción a la regla general anterior?** Sí, de acuerdo con el artículo 4 del Reglamento (CE) n.º 1107/2006, del Parlamento Europeo y del Consejo, de 5 de julio de 2006, podrán negarse, por los motivos citados, a aceptar una reserva o denegarle el embarque en los siguientes casos:

– Con la finalidad de **cumplir los requisitos de seguridad** establecidos mediante legislación internacional, comunitaria o nacional, o con el fin de cumplir los requisitos de seguridad establecidos por la autoridad que emitió el certificado de operador aéreo a la compañía aérea en cuestión.

– Si las **dimensiones de la aeronave o sus puertas imposibilitan físicamente el embarque o transporte** de la persona con discapacidad o movilidad reducida.

Si bien, la compañía aérea, su agente o el operador turístico **deberán hacer esfuerzos razonables para proponer una alternativa aceptable a la persona** en cuestión.

Por lo que, se ofrecerá a toda persona con discapacidad o movilidad reducida a la que se le deniegue el embarque y a su acompañante el derecho a reembolso o a un transporte alternativo. El derecho a la opción de un vuelo de vuelta o de un transporte alternativo estará sujeto a que se cumplan todas las disposiciones de seguridad.

Asimismo, la compañía aérea, su agente o el operador turístico **podrán exigir que una persona con discapacidad o movilidad reducida vaya acompañada por otra persona capaz de facilitarse la asistencia necesaria.**

Tales motivos deberán ser notificados por escrito a la persona con discapacidad o movilidad reducida afectada. Además, si la misma lo solicita, la compañía aérea, su agente o el operador turístico le comunicarán dichos motivos por escrito en un **plazo de 5 días hábiles desde la fecha de solicitud.**

Las compañías aéreas o sus agentes pondrán a disposición del público, en formatos accesibles y como mínimo en los mismos idiomas que la **información proporcionada a los demás pasajeros, las normas de seguridad que apliquen al transporte de personas con discapacidad o movilidad reducida, así como toda restricción del transporte de estas personas o del equipo de movilidad debida a las dimensiones de la aeronave.** Los operadores turísticos se encargarán de que esas normas y restricciones de seguridad en relación con los vuelos incluidos en los viajes combinados, las vacaciones combinadas y los circuitos combinados que organicen, vendan o pongan a la venta estén disponibles.

¿Qué asistencia se prestará bajo la responsabilidad de las entidades gestoras de los aeropuertos?

– **Comunicar su llegada a un aeropuerto** y su solicitud de asistencia en los puntos designados dentro y fuera de los edificios terminales.

- Desplazarse desde uno de esos puntos designados al mostrador de facturación.

- Proceder a la **comprobación de su billete y a la facturación de su equipaje.**

- Desplazarse desde el mostrador de facturación al avión, pasando los controles de emigración, aduanas y seguridad.

- **Embarcar en el avión,** para lo que deberán preverse elevadores, sillas de ruedas o cualquier otro tipo de asistencia que proceda.

- Desplazarse desde la puerta del avión a sus asientos.

- Guardar y recuperar su equipaje dentro del avión.

- Desplazarse desde sus asientos a la puerta del avión.

- **Desembarcar del avión,** para lo que deberán preverse elevadores, sillas de ruedas o cualquier otro tipo de asistencia que proceda.

- **Desplazarse desde el avión hasta la sala de recogida de equipajes,** pasando los controles de inmigración y aduanas.

- **Desplazarse desde la sala de recogida de equipajes hasta un punto designado.**

- **Conectar con otros vuelos,** cuando se hallen en tránsito, para lo que habrá que prever asistencia en el aire y en tierra y tanto dentro de las terminales como entre terminales, si es preciso.

- **Desplazarse a los servicios** si es preciso.

- **Cuando una persona con discapacidad o movilidad reducida reciba la ayuda de un acompañante,** esta persona deberá poder prestar, si así se solicita, la asistencia necesaria en el aeropuerto y durante el embarque y desembarque.

- **Manejo en tierra de todos los equipos de movilidad,** incluidos equipos como las sillas de ruedas eléctricas (**previa notificación con una antelación de 48 horas y siempre que las limitaciones de espacio a bordo del avión no lo impidan,** y sometido todo ello a la aplicación de la legislación pertinente en materia de mercancías peligrosas).

- **Sustitución temporal del equipo de movilidad extraviado o averiado,** aunque no necesariamente por idéntico tipo de equipo.

- **Asistencia en tierra a los perros guía reconocidos,** cuando así proceda.

- **Comunicación de la información necesaria** para tomar los vuelos en formato accesible.

Pero ¿quién asumirá la responsabilidad de la asistencia de las personas con discapacidad o movilidad reducida en los aeropuertos? Las entidades gestoras de los aeropuertos, y lo harán **sin ningún cargo adicional.**

Las mismas **podrán prestar la asistencia por sí mismas o,** como alternativa y para asumir su responsabilidad, la entidad gestora podrá **contratar con terceros** la prestación de asistencia, cumpliendo siempre las normas de calidad señaladas en el artículo 9.1 del Reglamento (CE) n.º 1107/2006, del Parlamento Europeo y del Consejo, de 5 de julio de 2006.

> **A TENER EN CUENTA.** En colaboración con los usuarios de los aeropuertos, a través del comité de usuarios de aeropuertos, cuando exista, la entidad gestora podrá celebrar este tipo de contratos por propia iniciativa o previa solicitud, incluida la procedente de una compañía aérea, teniendo en cuenta los servicios presentes en el aeropuerto en cuestión. En caso de rechazo de la solicitud, la entidad gestora deberá justificarlo por escrito.

Si bien, las entidades gestoras de los aeropuertos **podrán imponer, con carácter no discriminatorio, una tarifa específica a los usuarios del aeropuerto para la financiación de la asistencia. Dicha tarifa deberá ser:**

- Razonable.
- **Proporcional** a los costes.
- Transparente.

La misma se fijará por la entidad gestora del aeropuerto en cooperación con los usuarios de los aeropuertos a través del comité de usuarios de aeropuertos, cuando exista, o cualquier otro organismo idóneo. La referida tarifa se distribuirá entre los usuarios del aeropuerto, de forma proporcional al número total de pasajeros que cada una de ellas transporte con origen y destino en el mismo.

> **CUESTIÓN**
>
> **¿Qué ocurrirá en caso de que a un pasajero se le extravíe o dañe la silla de ruedas o cualquier otro equipo de movilidad y dispositivos de asistencia?**
>
> En estos casos, si durante el manejo en el aeropuerto o el transporte a bordo de la aeronave se produce la pérdida o los daños de las sillas de ruedas o de cualquier otro equipo de movilidad y dispositivo de asistencia, el pasajero al que pertenezcan será indemnizado con arreglo a las normas de derecho internacional, comunitario y nacional.

Pasos a seguir para solicitar el derecho a asistencia en los aeropuertos

Como ya se ha señalado, es la entidad gestora del aeropuerto la que asumirá la responsabilidad de garantizar la prestación de la asistencia a las personas con discapacidad o movilidad reducida que lleguen a un aeropuerto para viajar en un vuelo.

Las necesidades particulares de asistencia que tenga cualquier pasajero con discapacidad o movilidad reducida habrá que notificarlas a la compañía aérea, a su agente o al operador turístico en cuestión **al menos 48 horas antes de la hora de salida del vuelo publicada.** Dicha notificación cubrirá, asimismo, **un vuelo de regreso si el vuelo de ida y de vuelta han sido contratados con la misma compañía.**

Lo dispuesto en los párrafos anteriores se aplicará siempre y cuando:

- La persona se presente para facturación:

  - A la hora fijada por anticipado y por escrito (incluso por medios electrónicos) por la compañía aérea o su agente o el operador turístico.

  - En caso de no haberse fijado hora alguna, como mínimo 1 hora antes de la hora de salida publicada.

- La persona llegue a uno de los puntos designados dentro de los límites del aeropuerto de acuerdo con el art. 5 del Reglamento (CE) n.º 1107/2006, del Parlamento Europeo y del Consejo, de 5 de julio de 2006:

  - A la hora fijada por anticipado y por escrito (incluso por medios electrónicos) por la compañía aérea o su agente o el operador turístico.

  - Si no se ha fijado hora alguna, como mínimo 2 horas antes de la hora de salida publicada.

CUESTIÓN

¿Qué ocurrirá en caso de que no se notifique la necesidad de asistencia?

En caso de que no se efectúe notificación alguna, la entidad gestora hará todos los esfuerzos razonables por prestar la asistencia enumerada en los apartados anteriores de forma que la persona interesada pueda coger el vuelo para el que dispone de reserva [art. 7.3 del Reglamento (CE) n.º 1107/2006, del Parlamento Europeo y del Consejo, de 5 de julio de 2006].

Asimismo, la asistencia prestada se adaptará, en la medida de lo posible, a las necesidades particulares del pasajero.

¿Qué ocurrirá en caso de que se requiera un perro guía? Se admitirá al animal a condición de que se haya notificado previamente su presencia a la compañía aérea o a su agente o al operador turístico de conformidad con la normativa nacional aplicable al transporte de perros guía a bordo de aeronaves, si procede.

Además, según AENA, en España para embarcar con un perro guía se requiere que el mismo vaya equipado con bozal, collar y correa (sin cargo adicional alguno). En el caso de que viaje en cabina, irá junto al pasajero en el lugar que se asigne por la tripulación.

Convenio para la unificación de ciertas reglas para el transporte aéreo internacional, hecho en Montreal el 28 de mayo de 1999

En primer lugar, hay que tener en cuenta que el Convenio de Montreal únicamente será de aplicación en España respecto de aquellas incidencias que quedan fuera de los dos reglamentos anteriores.

En cuanto al ámbito de aplicación, el Convenio de Montreal se aplica a todo **transporte internacional de personas, equipaje o carga efectuado en**

aeronaves, a cambio de una remuneración. Asimismo, se aplica al transporte gratuito efectuado en aeronaves por una empresa de transporte aéreo.

Pero **¿qué podemos entender por transporte internacional?** A efectos del Convenio de Montreal significa todo transporte en que, conforme a lo estipulado por las partes, el punto de partida y el punto de destino, haya o no interrupción en el transporte o transbordo, están situados, bien en el territorio de dos Estados parte, bien en el territorio de un solo Estado parte si se ha previsto una escala en el territorio de cualquier otro Estado, aunque este no sea un Estado parte. El transporte entre dos puntos dentro del territorio de un solo Estado parte, sin una escala convenida en el territorio de otro Estado, no se considerará transporte internacional para los fines del citado convenio.

Asimismo, **el transporte que deban efectuar varios transportistas sucesivamente constituirá, un solo transporte cuando las partes lo hayan considerado como una sola operación**, tanto si ha sido objeto de un solo contrato como de una serie de contratos, y no perderá su carácter internacional por el hecho de que un solo contrato o una serie de contratos deban ejecutarse íntegramente en el territorio del mismo Estado.

El Convenio de Montreal también se aplicará a los transportes aéreos efectuados por una persona distinta del transportista contractual.

Se alude en el Convenio de Montreal a la responsabilidad del transportista en casos de muerte y lesiones de los pasajeros, daños del equipaje (destrucción, pérdida, avería) o daños en la carga, así como en supuestos de retraso en el transporte aéreo de pasajeros, equipaje o carga.

2.
PROCEDIMIENTOS DE RECLAMACIONES AÉREAS

El transporte aéreo, por sus características, puede dar lugar a una **gran variedad de incidentes** relacionados con aspectos tales como: los derechos de los pasajeros, el equipaje, los horarios, las condiciones del vuelo, su cancelación, etc. Todos ellos serán objeto de estudio pormenorizado en los temas correspondientes.

Si bien, ante la concurrencia de cualquiera de estas circunstancias surge la necesidad de establecer un **procedimiento de reclamación para que los pasajeros vean resarcidas y solventadas dichas eventualidades,** surgiendo así, en este ámbito, diferentes tipos de reclamaciones:

– Ante la propia **compañía aérea**.

– Ante el organismo responsable que se designe por los Estados, en España es la **Agencia Estatal de Seguridad Aérea** (en adelante, AESA).

– Finalmente, **la reclamación en vía judicial**.

Antes de entrar en el análisis de las distintas reclamaciones cabe tener en cuenta **la normativa aplicable en materia de derechos de los pasajeros** que trasciende al ámbito internacional y, concretamente, de la Unión Europea, toda vez que el transporte aéreo, por su naturaleza, se extiende más allá de las fronteras nacionales. En este sentido hay que destacar:

– **Reglamento (CE) n.º 261/2004 del Parlamento Europeo y del Consejo, de 11 de febrero de 2004,** por el que se establecen normas comunes sobre compensación y asistencia a los pasajeros aéreos en caso de denegación de embarque y de cancelación o gran retraso de los vuelos, y se deroga el Reglamento (CEE) n.º 295/91.

– **Reglamento (CE) n.º 1107/2006 del Parlamento Europeo y del Consejo, de 5 de julio de 2006,** sobre los derechos de las personas con discapacidad o movilidad reducida en el transporte aéreo.

> **A TENER EN CUENTA.** A fin de proporcionar orientaciones sobre la interpretación y aplicación de algunas disposiciones del Reglamento (CE) 1107/2006 del Parlamento Europeo y del Consejo, de 5 de julio, se ha actualizado por un nuevo documento de la Comisión de «Aplicación de

> las directrices interpretativas relativas al Reglamento (CE) n.º 1107/2006 del Parlamento Europeo y del Consejo sobre los derechos de las personas con discapacidad o movilidad reducida en el transporte aéreo» publicado en el DOUE de 4 de octubre de 2024. Si bien, tales directivas interpretativas no son jurídicamente vinculantes ni afectan a ninguna interpretación del Derecho de la Unión dada por el TJUE, además estas directrices interpretativas sustituyen a las de 2012.

El Reglamento (CE) n.º 261/2004, de 11 de febrero de 2004, prevé en su artículo 16 la posibilidad de que todo pasajero pueda reclamar ante los organismos designados por los Estados miembros en caso de incumplimiento de lo previsto en él, en cualquier aeropuerto situado en el territorio de un Estado miembro o con respecto a cualquier vuelo desde un tercer país a un aeropuerto de ese territorio.

CUESTIÓN

¿A quién se extiende la protección del Reglamento (CE) n.º 261/2004 del Parlamento Europeo y del Consejo, de 11 de febrero de 2004?

Conforme al artículo 3 del Reglamento (CE) n.º 261/2004, de 11 de febrero de 2004, la protección se extiende a los pasajeros que partan de un aeropuerto situado en un Estado miembro sujeto a las disposiciones del Tratado, así como, a los pasajeros que partan de un aeropuerto situado en un tercer país con destino a otro situado en el territorio de un Estado miembro sujeto a las disposiciones del Tratado, salvo que disfruten de beneficios o compensación y de asistencia en ese tercer país. En este último caso, el transportista aéreo encargado de efectuar el vuelo ha de ser un transportista comunitario.

Por su parte, en el caso de una persona con discapacidad, el Reglamento (CE) n.º 1107/2006, de 5 de julio de 2006, prevé en su artículo 15 para aquellos casos en que considere infringido lo previsto en la citada norma, que lo ponga en conocimiento de la entidad gestora del aeropuerto o de la compañía aérea interesada, según corresponda. Si aun así no obtiene satisfacción puede presentar la reclamación ante el organismo designado competente. A estos efectos, añade el artículo 15.4 del Reglamento (CE) n.º 1107/2006, de 5 de julio de 2006, que:

> «Los Estados miembros adoptarán las medidas necesarias para informar a las personas con discapacidad o movilidad reducida de sus derechos en el marco del presente Reglamento y de la posibilidad de presentar reclamaciones ante los organismos designados».

La tramitación de las reclamaciones relativas al cumplimiento de los reglamentos anteriores se atribuye a la citada Agencia Estatal de Seguridad Aérea, AESA, designada como organismo responsable a estos efectos.

A TENER EN CUENTA. La Orden TMA/469/2023, de 17 de abril, acredita a la Agencia Estatal de Seguridad Aérea como entidad de resolución alternativa de litigios en el ámbito del transporte aéreo sobre derechos reconocidos en el ámbito de la Unión Europea en materia de compensación y asistencia en caso de denegación de embarque, cancelación o gran retraso, así como en relación con los derechos de las personas con discapacidad o movilidad reducida.

Fuera del ámbito de aplicación de aquellos, existen otras incidencias que también afectan a los pasajeros en el transporte aéreo, si bien, en estos casos, como veremos, las reclamaciones se entenderán con la propia compañía aérea o, a falta de ello, se resolverán por los tribunales de justicia.

CUESTIONES

1. ¿Qué reclamaciones entran dentro de la competencia de AESA?

Todo pasajero podrá reclamar ante AESA por el incumplimiento de los Reglamentos (CE) n.° 261/2004, de 11 de febrero de 2004, y n.° 1107/2006, de 5 de julio de 2006, en materia de:

– Denegación de embarque.

– Cancelaciones.

– Retrasos.

– Cambios de clase.

– Derechos de personas con discapacidad o movilidad reducida.

2. En relación con la cuestión anterior, ¿qué reclamaciones han de ser resueltas por los tribunales de justicia en caso de falta de acuerdo con la compañía aérea?

No resuelta la incidencia o reclamación por la compañía aérea en el caso de incidencias fuera del ámbito de aplicación de los citados reglamentos se acudirá para su resolución a los tribunales de justicia, a título de ejemplo, cabe citar, para dar respuesta a la cuestión, a las eventualidades relativas a equipajes, billetes, calidad del servicio, viajes combinados, devolución de tasas, etc.

2.1. Reclamación ante la compañía aérea

Ocurrida cualquier eventualidad relacionada con el transporte aéreo que suponga, de una manera u otra, la vulneración de los derechos de las personas en su condición de pasajeros, el primer paso es acudir a la reclamación ante la propia compañía aérea.

A esta reclamación se refiere expresamente, como trámite previo al procedimiento alternativo de resolución de litigios ante AESA, el artículo 6 de la Orden TMA/201/2022, de 14 de marzo, por la que se regula el procedimiento de resolución alternativa de litigios de los usuarios de transporte aéreo sobre los derechos reconocidos en el ámbito de la Unión Europea en materia de compensación y asistencia en caso de denegación de embarque, cancelación o gran retraso, así como en relación con los derechos de las personas con discapacidad o movilidad reducida.

La reclamación ante la compañía aérea o, en su caso, ante el gestor aeroportuario, constituye el trámite previo a la reclamación ante AESA y la misma debe acompañarse de la documentación pertinente a efectos de hacer valer sus derechos el pasajero afectado.

Entonces ¿cómo se llevará a cabo la reclamación previa? A estos efectos, AESA pondrá a disposición de los pasajeros a través de su página web un modelo de formulario de reclamación previa en el que se incluirán, necesariamente, los datos relativos a la identificación del vuelo sobre el que se plantea la reclamación, si es el caso. También, las compañías aéreas y gestores aeroportuarios, en su página web y en los departamentos y servicios de atención al cliente, incluidos los mostradores de los aeropuertos, pondrán a disposición de los pasajeros, al menos en castellano, un formulario de reclamación previa que contenga los campos previstos en el formulario que para este trámite haya adoptado AESA, pudiendo aquellos completar dichos formularios para recabar otra información que estimen necesaria para facilitar la tramitación de la reclamación (**art. 6.4 de la Orden TMA/201/2022, de 14 de marzo**).

¿Cuál es el plazo para reclamar ante la compañía aérea? Pues bien, el plazo será de 5 años desde el día en que ha ocurrido el incidente, como así lo recoge expresamente el **artículo 6.1 de la Orden TMA/201/2022, de 14 de marzo**, si bien antes de esta previsión ya se venía aplicando este plazo a efectos de reclamaciones de compensación en aplicación de las normas españolas, concretamente, en base a lo dispuesto en el apartado 2 del artículo 1964 del CC (**sentencia del Juzgado de lo Mercantil de Madrid n.º 1770/2023, de 27 de abril, ECLI:ES:JMM:2023:643**).

En este sentido, cabe citar la **sentencia del Tribunal de Justicia de la Unión Europea n.º C-139/11, de 22 de noviembre de 2012, ECLI:EU:C:2012:741,** que señala:

> «22. Mediante su cuestión, el órgano jurisdiccional remitente pregunta esencialmente si el Reglamento nº 261/2004 debe interpretarse en el sentido de que el plazo para el ejercicio de las acciones de reclamación de la compensación prevista en los artículos 5 y 7 de dicho Reglamento es el fijado en el artículo 35 del Convenio de Montreal o se determina conforme a otras disposiciones, en particular, las normas de cada Estado miembro sobre la prescripción de la acción.
>
> (...)
>
> 24. A este respecto, consta que el Reglamento nº 261/2004 no contiene ninguna disposición sobre el plazo de prescripción de las acciones ejercitadas ante los órganos jurisdiccionales nacionales para la reclamación de la compensación prevista en los artículos 5 y 7 de dicho Reglamento.
>
> 25. Es jurisprudencia reiterada que, cuando no existe normativa de la Unión en la materia, corresponde al Derecho interno de cada Estado miembro establecer la regulación procesal de las acciones destinadas a garantizar la tutela de los derechos que el ordenamiento jurídico de la Unión confiere a los justiciables, siempre que esta regulación respete los principios de equivalencia y de efectividad (véase, en este sentido la sentencia de 25 de noviembre de 2010, Fuß, Convenio Colectivo de Empresa de PUERTO RICO, S.A./09, Rec. p. I-12167, apartado 72).
>
> (...)
>
> 33. Habida cuenta de lo anteriormente expuesto, procede responder a la cuestión planteada que el Reglamento nº 261/2004 debe interpretarse

en el sentido de que el plazo para el ejercicio de las acciones de reclamación de la compensación prevista en los artículos 5 y 7 de dicho Reglamento se determina conforme a las normas de cada Estado miembro sobre la prescripción de la acción».

CUESTIÓN

¿Qué sucede en caso de reclamación previa sobre el servicio de asistencia para personas con movilidad reducida (PMR)?

Si se trata del servicio de asistencia para PMR prestado por el gestor aeroportuario y el pasajero presenta la reclamación previa ante la compañía aérea, esta estará obligada a trasladar la reclamación al gestor aeroportuario en el plazo de 10 días desde su presentación, informando al pasajero sobre dicho traslado. En estos casos, la fecha de presentación ante el gestor aeroportuario será aquella en la que este reciba la reclamación remitida por la compañía aérea.

Presentada la reclamación, la compañía aérea o, en su caso, el gestor aeroportuario, acusarán recibo de su presentación. **¿Cuál es el plazo para responder a la reclamación?** Deberá responderse aquella en el plazo más breve posible y, en todo caso, en el plazo máximo de un mes desde su presentación.

¿Qué sucede si la compañía no contesta o existe disconformidad con lo decidido? En estos casos, se abre la posibilidad a reclamar ante AESA o, en su caso, ante los órganos jurisdiccionales. A estos efectos, las compañías aéreas y gestores aeroportuarios informarán al pasajero de lo siguiente:

– La posibilidad de recurrir para la resolución de la reclamación ante AESA.

– Es causa de inadmisión de la reclamación anterior su presentación pasado un año desde que se presente la reclamación previa.

– Carácter vinculante para la compañía aérea de la decisión de AESA en el procedimiento de resolución alternativa de litigios.

– La dirección de la página web de AESA.

– En el caso de que estén adheridos al sistema arbitral de consumo o al sistema arbitral para la resolución de quejas y reclamaciones en materia de igualdad de oportunidades, no discriminación y accesibilidad por razón de discapacidad, según corresponda, se informará de tal circunstancia al pasajero, así como de la posibilidad de este de recurrir a dicho sistema para resolver el conflicto y de la dirección de la página web de la institución.

No obstante, respecto de la reclamación a la compañía aérea, no puede obviarse la existencia de casos en que aquella podría estar exenta de responsabilidad, que serán objeto de examen en el tema correspondiente, cuales son, a título de ejemplo, los supuestos de inestabilidad política, condiciones meteorológicas que impidan el vuelo, huelgas...

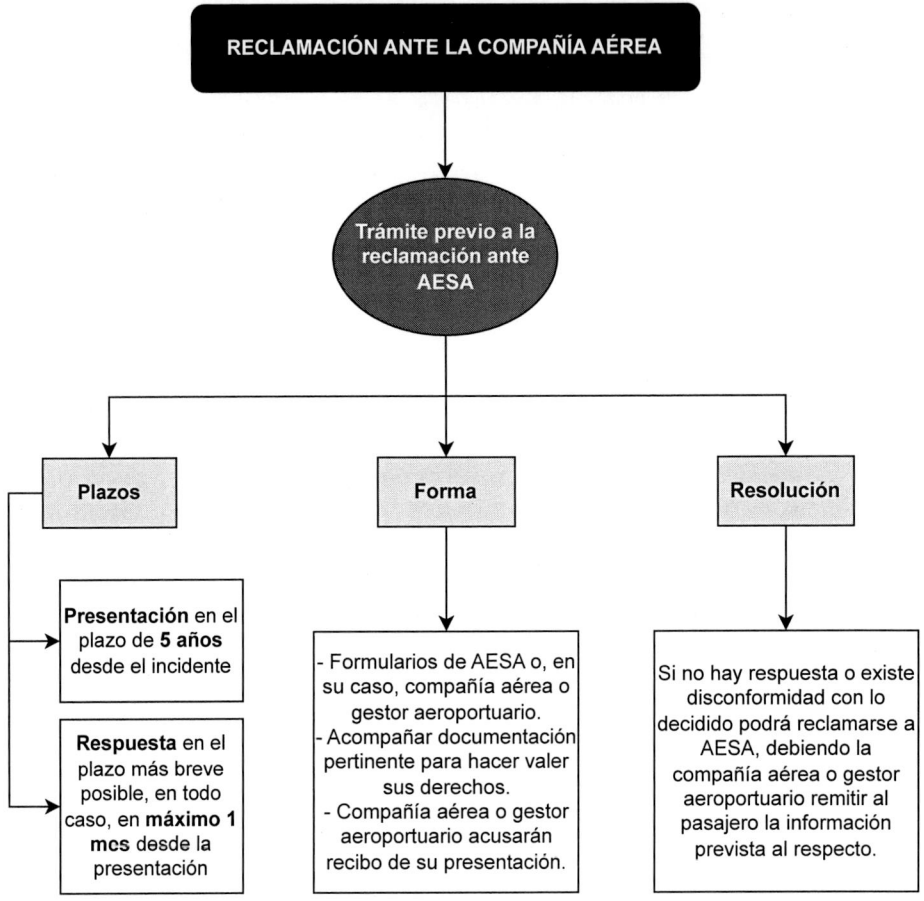

2.2 Reclamación ante AESA

En cuanto a la reclamación ante AESA, antes de entrar en el análisis del procedimiento en sí, deben tenerse en cuenta dos aspectos:

- De un lado, la reclamación ante AESA deriva del incumplimiento de lo previsto en los citados **Reglamentos (CE) n.º 261/2004, de 11 de febrero de 2004,** y **n.º 1107/2006, de 5 de julio de 2006,** esto es, en materia de denegaciones de embarque, cancelaciones, retrasos, cambios de clase y derechos de personas con discapacidad o movilidad reducida.

- De otro lado, el procedimiento de reclamación ante AESA distingue entre:

– Vuelos anteriores al 1 de junio de 2023 incluido: vía informativa.

– Vuelos posteriores al 2 de junio de 2023 incluido: resolución alternativa de litigios.

A TENER EN CUENTA. Estos procedimientos de reclamación se examinarán más adelante.

2.3. Reclamación en vía judicial

Finalmente, si con las reclamaciones anteriores la persona afectada no viere solventadas sus pretensiones podrá acudir a los tribunales competentes en su caso para su resolución. (Esta reclamación judicial será objeto de análisis pormenorizado en puntos posteriores).

Si bien, cabe precisar aquí, que esta será la vía directa a utilizar en el caso de reclamaciones que queden fuera del ámbito de aplicación de los citados **Reglamentos (CE) n.º 261/2004, de 11 de febrero de 2004, y n.º 1107/2006, de 5 de julio de 2006**, en las que AESA no tenga competencia.

3.
LA AGENCIA ESTATAL DE SEGURIDAD AÉREA: ¿QUÉ RECLAMACIONES CONOCERÁ?

La **Agencia Estatal de Seguridad Aérea (AESA)** es la entidad acreditada para la resolución alternativa de litigios de los usuarios de transporte aéreo sobre los derechos reconocidos en el ámbito de la Unión Europea en materia de compensación y asistencia en caso de denegación de embarque, cancelación o gran retraso, así como en relación con los derechos de las personas con discapacidad o movilidad reducida.

En respuesta a lo previsto en el artículo 16 del Reglamento (CE) n.º 261/2004, de 11 de febrero de 2004, y en el artículo 14 del Reglamento (CE) n.º 1107/2006, de 5 de julio de 2006, cada Estado miembro designará un organismo responsable del cumplimiento de estos reglamentos.

Así pues, en relación con lo anterior, cumpliendo el mandato previsto en la disposición adicional segunda de la Ley 7/2017, de 2 de noviembre, se dicta la **Orden TMA/469/2023, de 17 de abril, por la que se acredita a la Agencia Estatal de Seguridad Aérea como entidad de resolución alternativa de litigios en el ámbito del transporte aéreo.**

Además de las normas anteriores, también cabe hacer referencia en relación con AESA al **Real Decreto 184/2008, de 8 de febrero, por el que se aprueba el Estatuto de la Agencia Estatal de Seguridad Aérea** y, en cuanto al procedimiento, a la **Orden TMA/201/2022, de 14 de marzo,** por la que se regula el procedimiento de resolución alternativa de litigios de los usuarios de transporte aéreo sobre los derechos reconocidos en el ámbito de la Unión Europea en materia de compensación y asistencia en caso de denegación de embarque, cancelación o gran retraso, así como en relación con los derechos de las personas con discapacidad o movilidad reducida.

Una vez hecha la reclamación a la compañía aérea, si la respuesta de esta no es satisfactoria o ha pasado más de un mes desde que se presentó aquella y no ha habido respuesta de la compañía, surge la posibilidad de presentar la **reclamación ante AESA, debiendo distinguir dos supuestos** según la fecha del vuelo:

- **Vía informativa para vuelos anteriores al 1 de junio de 2023 incluido**. En este caso la resolución que emita AESA no tendrá efecto vinculante, sino meramente informativo y no evitará la posibilidad de interponer una demanda judicial.

- **Resolución alternativa de litigios para vuelos posteriores al 2 de junio de 2023 incluido**. En este caso la resolución que emita AESA sí tendrá efecto vinculante, lo que conllevará a que, en caso de que la compañía haga caso omiso a lo establecido por AESA, se podrá acudir a los tribunales para instar su ejecución, evitando así el acudir a un proceso judicial previo.

> **A TENER EN CUENTA.** La distinción anterior deriva de lo previsto en la disposición final tercera de la Orden TMA/201/2022, de 14 de marzo, por la cual se establece la aplicación de lo dispuesto en ella «(...) a los incidentes ocurridos en fecha posterior al primer día del mes siguiente al de la publicación en el "Boletín Oficial del Estado", de la resolución de la autoridad competente que acredite a la Agencia Estatal de Seguridad Aérea, como entidad de resolución alternativa de litigios en el ámbito de protección de los usuarios del transporte aéreo», pues bien, siendo dicha resolución la Orden TMA/469/2023, de 17 de abril, y publicada en el BOE el 10 de mayo de 2023, de ahí que se distinga entre los incidentes anteriores al 1 de junio del 2023, incluido este, y los posteriores a esta fecha.

3.1. Reclamaciones por vuelos anteriores al 1 de junio de 2023

El procedimiento a seguir ante AESA en caso de reclamaciones por cancelaciones, retrasos, denegaciones de embarque y derechos de PMR en el transporte aéreo por vuelos anteriores al 1 de junio de 2023 incluido será la **vía informativa**.

> **A TENER EN CUENTA.** La información que se detalla a continuación se encuentra basada en la ofrecida por el Ministerio de Transportes y Movilidad Sostenible en la web www.seguridadaerea.gob.es.

¿Quién podrá presentar reclamaciones en vía informativa?

Podrán presentarse por los pasajeros con independencia de su nacionalidad en los casos siguientes:

- Cuando partan de un aeropuerto situado en territorio español.

– Cuando partan de un aeropuerto situado en Estado no miembro de la Unión Europea, con destino a otro situado en territorio español, en caso de que participe en la operación de transporte una compañía aérea comunitaria.

¿Ante qué incidencias puede presentarse esta reclamación?

La reclamación en vía informativa procede en caso de **vuelos con fecha de 1 de junio de 2023 o anteriores** que hayan sufrido alguna de las siguientes incidencias:

– Cancelación del vuelo.
– Retraso del vuelo de 3 horas o más.
– Adelanto del vuelo de más de una hora.
– Denegación injustificada del embarque.
– Cambio de clase.
– Incidentes que afecten a los derechos de las personas con movilidad reducida.

¿Cuándo no procederá esta vía? Pues, quedan excluidas de la vía informativa las reclamaciones siguientes:

– Las relativas a incidencias distintas de las mencionadas como pueden ser equipajes, calidad del servicio, daños y perjuicios, viajes combinados, tarifas y tasas...
– Las relativas a cancelaciones, retrasos, denegaciones de embarque y derechos de las PMR en el transporte aéreo para vuelos posteriores al 2 de junio de 2023, incluido, que se tramitarán ante AESA por el procedimiento de resolución alternativa de litigios al que después nos referiremos.

Asimismo, se excluyen de la reclamación ante AESA los vuelos que tengan su primer punto de salida:

– En otro país de la UE.
– Fuera de la UE si el último punto de llegada no es España.
– Fuera de la UE si el último punto de llegada es España, pero el transporte no se opera por compañía comunitaria.

¿Cuál será el procedimiento a seguir?

Efectuada la reclamación ante la compañía aérea, si no hay respuesta o no es satisfactoria, podrá presentarse sin coste alguno reclamación ante AESA mediante la vía informativa. **¿Cómo puede presentarse esta reclamación?** Existen dos formas excluyentes entre sí:

– **Presentación *online*:** a través del formulario disponible en la web de AESA acompañado de los documentos digitalizados que se requieran.

En este caso, será posible consultar en cualquier momento el estado de la reclamación a través de la sede electrónica de AESA.

– **Presentación por registro**: deberá remitirse a la dirección postal de AESA y se presentará en alguno de los registros admitidos (AESA, organismos de la AGE, de las CC. AA., etc.); en las oficinas de correos; en las representaciones diplomáticas u oficinas consulares de España en el extranjero; o en las oficinas de asistencia en materia de registros.

> **A TENER EN CUENTA.** Si la reclamación entra por más de una de las vías anteriores, AESA se reservará el derecho a no dar trámite a la misma. En este sentido, se tramitará solo la recibida en AESA en primer lugar, inadmitiendo las posteriores.

Atendiendo a la forma de presentación la documentación que debe acompañarse será la siguiente:

VÍA *ONLINE*	POR REGISTRO
• DNI/Pasaporte/NIE. • Reserva del vuelo o billetes. • Reclamación interpuesta a la compañía aérea. • Para representantes legales es necesario adjuntar autorización de representación otorgada por el pasajero. • Si se trata de un menor de edad viajando solo se deberá adjuntar copia del DNI/NIE/Pasaporte del tutor o del menor si lo tuviera.	• Formulario de reclamación ante AESA. • Copia del DNI y, en su caso, acreditación de la representación correspondiente. • Copia legible de las comunicaciones mantenidas con la compañía aérea (reclamación y respuesta). • Copia del billete de avión y otra documentación de interés. • Copia de las facturas que justifiquen los gastos reclamados, en su caso. • Copia del billete de transporte alternativo adquirido en el que figure su coste.

CUESTIÓN

En general ¿cuál será la documentación requerida en las reclamaciones en vía informativa?

Cualquiera que sea la forma de presentación de la reclamación elegida la documentación que debe presentarse, con carácter general, será la siguiente:

– Formulario de reclamación.

– Reclamación previa a la compañía aérea.

– Documentos de identidad de los pasajeros.

– Acreditación de los representantes, en su caso.

- Documentación relativa al contrato como pueden ser los billetes, tarjetas de embarque...
- Facturas de gastos, en su caso.

Efectos de la resolución

A la vista de la reclamación, AESA analizará si hubo el incumplimiento alegado y solicitará a la compañía aérea información al respecto. Hecho esto remitirá al solicitante y a las compañías aéreas informe sobre la reclamación. El contenido del informe se concreta en destacar e informar al solicitante de cuáles son sus derechos y, si procede, cuáles son los instrumentos necesarios para su restitución.

El **plazo máximo de resolución y notificación es de 90 a 120 días naturales** con posibilidad de prórroga por el tiempo imprescindible para resolver si concurre especial complejidad en la controversia.

CUESTIONES

1. ¿Qué sucede en caso de incumplimiento del informe?

El informe emitido por AESA no es vinculante para las partes, de manera que no se puede obligar a las compañías aéreas a su cumplimiento. En este sentido, si a pesar del informe la solución no es plenamente satisfactoria para el pasajero o la compañía no atiende al informe entonces la única vía que le queda a aquel para reclamar será la vía judicial a cuyos efectos le será de utilidad el informe positivo de AESA.

En vía judicial podrá reclamar la restitución de sus derechos y, si lo estima oportuno, una indemnización por daños y perjuicios.

2. ¿Produce efectos el silencio en estos casos?

No, al tratarse de un acto informativo y no ser resultado de un procedimiento administrativo el silencio carecerá de efecto alguno.

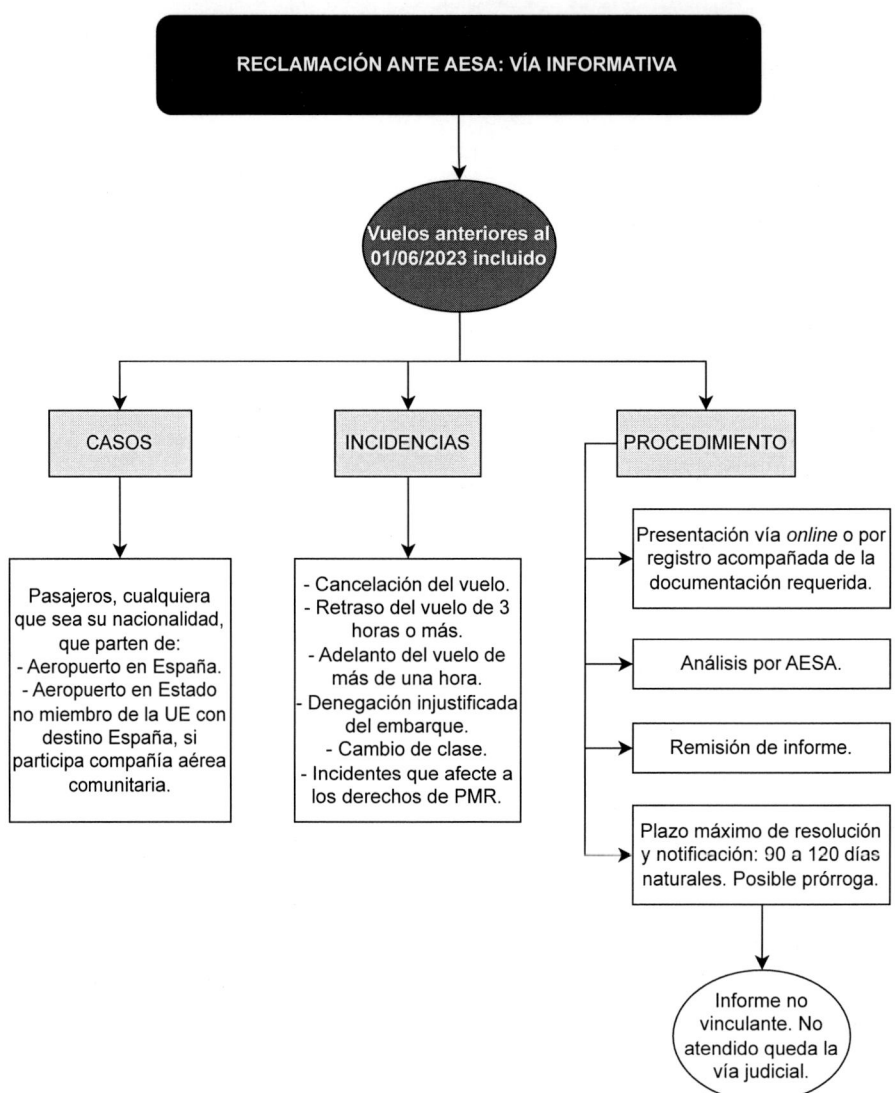

3.2. Reclamaciones por vuelos posteriores al 2 de junio de 2023

En respuesta al mandato previsto en la **disposición adicional segunda, apartado segundo, de la Ley 7/2017, de 2 de noviembre**, se dicta la Orden TMA/201/2022, de 14 de marzo, por la que se regula el procedimiento de resolución alternativa de litigios de los usuarios de transporte aéreo sobre los derechos reconocidos en el ámbito de la Unión Europea en materia de compensación y asistencia en caso de denegación de embarque, cancelación o gran retraso, así como en relación con los derechos de las personas con discapacidad o movilidad reducida.

A TENER EN CUENTA. Lo previsto en la Orden TMA/201/2022, de 14 de marzo, se entiende, conforme a su artículo 4, «(...) sin perjuicio del derecho del pasajero a acudir a cualquier sistema extrajudicial de resolución de conflictos aceptado por la compañía aérea o gestor aeroportuario, según corresponda, en particular al arbitraje de consumo o al sistema arbitral para la resolución de quejas y reclamaciones en materia de igualdad de oportunidades, no discriminación y accesibilidad por razón de discapacidad».

Así pues, este procedimiento de resolución alternativa de litigios será el procedimiento a seguir en caso de **reclamaciones ante AESA en materia de cancelaciones, retrasos, denegaciones de embarque y derechos de PMR en el transporte aéreo por vuelos posteriores al 2 de junio de 2023 incluido.**

¿En qué supuestos se aplica el procedimiento de resolución alternativa de litigios?

Es aplicable en los **conflictos de los pasajeros** (usuarios del transporte aéreo, aunque no sean consumidores) **con las compañías aéreas que los transporten, estén o no establecidas en la UE, por aplicación** del:

- **Reglamento (CE) n.º 261/2004, del Parlamento Europeo y del Consejo de 11 de febrero de 2004,** cuando los pasajeros partan de un aeropuerto situado en territorio español, o, de un aeropuerto situado en un Estado no miembro de la UE, con destino a otro situado en territorio español, a menos que disfruten de beneficios o compensación y de asistencia en ese país no perteneciente a la UE, cuando la compañía aérea operadora sea una compañía aérea comunitaria.

- **Reglamento (CE) n.º 1107/2006, del Parlamento Europeo y del Consejo, de 5 de julio de 2006,** cuando las personas con discapacidad o movilidad reducida que utilicen o pretendan utilizar vuelos comerciales de pasajeros que salgan de los aeropuertos situados en territorio español, lleguen a estos aeropuertos o transiten por ellos; o, en los casos de denegación previstos en los artículos 3 (prohibición de denegar el embarque), 4 (excepciones, condiciones especiales e información) y 10 (asistencia prestada por las compañías aéreas) del citado reglamento, los pasajeros que salgan de un aeropuerto situado en país no perteneciente a la UE lo hagan con destino a otro aeropuerto situado en territorio español, si la compañía aérea operadora es comunitaria.

- **Reglamento (CE) n.º 1107/2006, del Parlamento Europeo y del Consejo, de 5 de julio de 2006,** en los conflictos planteados por los pasajeros contra los gestores de los aeropuertos situados en territorio español, adheridos al procedimiento, ya sea previamente o por participar voluntariamente en él tras la reclamación del pasajero ante AESA.

¿Qué litigios se excluyen de la aplicación del procedimiento de resolución alternativa de litigios?

Quedan excluidos del procedimiento concretamente, los litigios que versen sobre:

- Los daños y perjuicios causados por el incumplimiento o cumplimiento defectuoso del contrato de transporte no comprendidos en el ámbito de aplicación del procedimiento.
- Las cláusulas y prácticas abusivas en el contrato de transporte aéreo u otra documentación atinente al transporte.
- Las prácticas comerciales.
- La información precontractual o el contrato.
- La protección de datos de carácter personal.
- Las reclamaciones de los pasajeros en base al Reglamento (CE) 2027/97, del Consejo, de 9 de octubre de 1997, relativo a la responsabilidad de las compañías aéreas respecto al transporte aéreo de los pasajeros y su equipaje, o las reclamaciones por la destrucción, pérdida, avería o retraso de los equipajes facturados en base a cualquier otra norma o convención.
- Así como, los demás previstos en el artículo 3.2 de la Ley 7/2017, de 2 de noviembre.

¿Cuáles son los principios que han de regir el procedimiento de resolución alternativa de litigios?

Conforme al artículo 7 de la **Orden TMA/201/2022, de 14 de marzo**, cabe destacar los siguientes principios:

- El procedimiento se ajusta a los principios de independencia, imparcialidad, transparencia, eficacia y equidad.
- Garantiza la igualdad y la contradicción de las partes en el procedimiento, si bien, AESA debe salvaguardar la confidencialidad de la información que tenga tal carácter, así como la protección del secreto profesional o empresarial.
- Será gratuito para las partes, sin perjuicio de los costes de las pruebas que asume la parte que las proponga.

En cuanto a la **aceptación y resultado del procedimiento**:

PROCEDIMIENTO DE RESOLUCIÓN ALTERNATIVA DE LITIGIOS	ACEPTACIÓN	RESULTADO
Pasajeros	Voluntaria	No vinculante
Compañías aéreas (sin perjuicio de impugnar la decisión de AESA ante el juzgado)	Obligatoria	Vinculante
Gestores aeroportuarios adheridos previamente	Obligatoria	No vinculante
Resto de gestores	Voluntaria	No vinculante

CUESTIONES

1. ¿Es necesaria postulación en este procedimiento?

No. Para el procedimiento extrajudicial de resolución de litigios no es necesario que las partes comparezcan asistidas por abogado o asesor jurídico, no obstante, podrán comparecen por sí mismas o valerse de estos profesionales, si bien en este caso deberán notificarlo a AESA en los 3 días hábiles siguientes a, en el caso del pasajero, la fecha de presentación de la reclamación, o, en el caso de la compañía aérea o gestor aeroportuario, a la fecha de su recepción (art. 13 de la Orden TMA/201/2022, de 14 de marzo).

2. ¿Cabe la acumulación en este tipo de procedimientos?

Sí, cabe acordarla de oficio o a instancia de parte cuando los procedimientos guarden identidad sustancial o íntima conexión, esto es, las reclamaciones traigan causa de los mismos hechos. No cabe la revisión a instancia de las partes del acuerdo de acumulación. Si bien, en procedimientos no acumulados que deriven de unos mismos hechos, la Agencia podrá incorporar al procedimiento las alegaciones y documentación presentada por la compañía aérea o gestor aeroportuario en otros procedimientos, así como otras alegaciones o informes relevantes, todo ello a los efectos de determinar si concurren las circunstancias determinantes de la aplicación de los reglamentos de la Unión Europea (art. 14 de la Orden TMA/201/2022, de 14 de marzo).

Presentación de la reclamación

Finalizada la reclamación previa ante la compañía aérea, pueden los pasajeros presentar la reclamación ante AESA, pero **¿en qué plazo ha de presentarse?** Pues antes de transcurrido un año desde que se presentó la reclamación previa a la compañía aérea.

En cuanto a **la forma de presentación** a través del formulario adoptado por AESA se distingue entre:

– **Presentación telemática**: a través de la sede electrónica de AESA sin impresión de documentos ni firmas manuales. Es el método más rápido. Es la única vía en caso de reclamaciones por representantes de pasajeros que no sean personas físicas o actúen en el ejercicio de una actividad profesional.

– **Presentación semipresencial**: introducción telemática sin identificación electrónica de la reclamación para su posterior impresión, firma manual y presentación presencial en los lugares que se determinen. En el plazo de 10 días desde la introducción telemática debe remitirse la solicitud a AESA si no se tendrá por no presentada. Solo está disponible esta vía para los pasajeros o sus representantes con la condición de personas físicas que no actúen en el ejercicio de su actividad profesional.

– **Presentación presencial en papel**: remitida a la dirección postal de AESA se presenta en los registros habilitados (AESA, AGE, CC. AA., Administraciones locales...), en las oficinas de correos, representaciones diplomáticas u oficinas consulares de España en el extranjero, oficinas de asistencia en materia de registros, plataforma de resolución de litigios en línea de la UE. Solo está disponible esta vía para los pasajeros o sus representantes con la condición de personas físicas que no actúen en el ejercicio de su actividad profesional.

> **A TENER EN CUENTA.** Si AESA recibe la reclamación por más de una vía de las previstas, se tramitará la primera que se reciba, inadmitiendo las posteriores.

CUESTIONES

1. ¿Cuál es el contenido mínimo del formulario de reclamación?

Según el artículo 8.1 de la Orden TMA/201/2022, de 14 de marzo, será:

– Nombre y apellidos del pasajero y, en su caso, de la persona que lo represente.

– Identificación del medio electrónico, o en su defecto, domicilio postal en el que desea que se practique la notificación.

– Hechos, razones y petición en que se concrete, con toda claridad, la reclamación, incluyendo la fecha y número del vuelo.

– Lugar y fecha.

– Firma del solicitante o acreditación de la autenticidad de su voluntad, en ambos casos, por cualquiera de los sistemas de firma reconocidos por la normativa vigente.

– Cláusula sobre el consentimiento del pasajero a la consulta a las plataformas de intermediación de datos o sistemas habilitados al efecto, solicitando su aceptación.

– Cláusula sobre el consentimiento del pasajero del traslado de su reclamación al órgano que corresponda, para el supuesto de que la competencia para conocer de la reclamación correspondiera a otro Estado miembro.

2. ¿Qué documentación ha de acompañarse a la reclamación?

Señala el artículo 8.2 de la Orden TMA/201/2022, de 14 de marzo, que el pasajero ha de acompañar a la reclamación:

– En el caso de solicitudes presentadas en papel, y salvo los pasajeros con DNI o NIE español que consientan la consulta, copia de alguno de los documentos acreditativos de su identidad (DNI, NIE, permiso de residencia, carné de conducir, pasaporte...).

– Acreditación de la fecha de presentación y contenido de la reclamación previa ante la compañía aérea o gestor aeroportuario, así como, en su caso, de la respuesta a la misma.

– Acreditación de la contratación del servicio sobre cuya ejecución se reclama, entre otros, mediante presentación de copia del contrato de transporte, billete o tarjeta de embarque.

– Poder de representación o autorización, en su caso.

– Cualquier otra documentación que el pasajero considere pertinente.

¿Qué sucede si la reclamación no reúne los requisitos expuestos? En este caso se requerirá al pasajero para su subsanación en el plazo de 10 días, en caso de no hacerlo, se le tendrá por desistido, previa decisión al efecto. Notificada esta última, en el plazo de un mes, el pasajero podrá pedir su revisión que deberá ser resuelta por AESA. El plazo para ello será, también, de un mes, pues en caso de no existir decisión expresa, se entenderá desestimada.

> **CUESTIÓN**
>
> **¿Qué efecto produce la presentación de la reclamación?**
>
> La presentación de la reclamación ante AESA suspende o interrumpe los plazos de caducidad y de prescripción de acciones que resulten de aplicación (art. 12 de la Orden TMA/201/2022, de 14 de marzo).

Comunicación a las partes e inadmisión

Presentada la reclamación en los términos expuestos, AESA comunicará a las partes:

- La recepción de la solicitud y la documentación exigible tras la subsanación, en su caso.
- Indicará la fecha, a efectos de dejar constancia del inicio del cómputo de los plazos previstos.

¿Cuáles son las causas de inadmisión a trámite de la reclamación? Conforme al artículo 10 de la Orden TMA/201/2022, de 14 de marzo, son:

- La no presentación de la reclamación previa ante la compañía aérea o el gestor aeroportuario, o que no se acredite haberlo intentado sin efecto por causa no imputable al pasajero. La reclamación se admitirá pasado más de un mes desde la presentación de la reclamación previa sin resolución.
- Sea manifiestamente infundada o verse sobre materias no incluidas en el ámbito de aplicación previsto.
- Se hubiera resuelto o esté pendiente de resolución ante un órgano jurisdiccional o ante el sistema arbitral de consumo o el sistema arbitral para la resolución de quejas y reclamaciones en materia de igualdad de oportunidades, no discriminación y accesibilidad por razón de discapacidad, salvo que se haya acordado la suspensión del procedimiento judicial o arbitral a resultas del que se interesa sustanciar ante la AESA.
- Se presente ante la AESA transcurrido más de un año desde la fecha de presentación de la reclamación previa ante la compañía aérea o el gestor aeroportuario reclamados, o ante sus servicios de atención al cliente.

La **inadmisión ha de ser motivada y se notificará al pasajero en el plazo de 21 días naturales** desde su recepción por AESA. La decisión pone fin al procedimiento, sin perjuicio de que, a instancia del pasajero, pueda ser objeto de revisión en el plazo de un mes. El plazo para decidir sobre la revisión será de un mes, transcurrido el cual sin resolución, el pasajero puede tenerla por desestimada. Lo anterior se entiende sin perjuicio del derecho del pasajero a plantear nuevamente la reclamación tras subsanar la causa de inadmisión.

CUESTIÓN

¿Qué sucede en caso de que la competencia para conocer de la reclamación corresponda a otro Estado miembro?

En este supuesto, el artículo 11 de la Orden TMA/201/2022, de 14 de marzo, señala que AESA inadmitirá la reclamación y, si consta consentimiento expreso del pasajero, con notificación a este, la trasladará al organismo o entidad competente. Si no consta el citado consentimiento, AESA le informará al pasajero de las entidades de resolución alternativa de litigios competentes en el correspondiente Estado miembro, así como de la posibilidad de presentar un formulario electrónico de reclamación a través de la plataforma de resolución de litigios en línea.

Trámite de audiencia y prueba

Si la reclamación no se inadmite, se dará audiencia a la compañía aérea o gestor aeroportuario reclamado, trasladándole la reclamación y documentación presentada, pudiendo aquellos formular alegaciones y proponer o presentar las pruebas pertinentes en el plazo de 20 días hábiles.

No formulan alegaciones	Se les tendrán por decaídos en el trámite, continuando el procedimiento. En este caso, al no constar en el procedimiento otros hechos que los alegados por el pasajero, podrá prescindirse de darle audiencia.
Formulan alegaciones	Se dará audiencia al pasajero por un plazo de 10 días hábiles, poniendo a su disposición las pruebas o documentos que hubieran sido aportados, salvaguardada, en su caso, la información confidencial o protegida por el secreto profesional o empresarial, al objeto de que formule las alegaciones o presente los documentos que estime pertinentes, y proponga otros medios de prueba de los que intente valerse, teniéndole por decaído en el trámite si no lo hiciere en el plazo indicado.

A continuación, AESA resolverá sobre las pruebas propuestas por las partes y podrá, además, acordar de oficio las que considere imprescindibles. No cabe revisión a instancia de las partes del acuerdo sobre admisión y práctica de las pruebas.

A TENER EN CUENTA. Los trámites de audiencia y prueba se consideran elementos de juicio necesarios para resolver el procedimiento y suspenderán, en todo caso, los plazos máximos para resolver.

Fin del procedimiento

Practicadas las pruebas y, en caso de que se considere necesario, se dará **nueva audiencia simultánea a las partes por un plazo improrrogable de diez días hábiles**, con suspensión del plazo para resolver.

En el **plazo de 90 días naturales** desde que se comunicó la recepción de la reclamación, el director de AESA resolverá mediante decisión motivada lo que proceda adoptando las medidas que deban aplicarse al caso. En caso de no hacerlo, transcurrido el plazo se entenderá que la reclamación ha sido desestimada.

CUESTIONES

1. ¿Puede prorrogarse el plazo para resolver?

Sí, conforme al artículo 17 de la Orden TMA/201/2022, de 14 de marzo, el plazo de 90 días naturales podrá prorrogarse por el tiempo imprescindible para resolver en caso de especial complejidad de la controversia. La prórroga deberá acordarse motivadamente y comunicarse a las partes, sin que pueda ser superior al plazo indicado de 90 días naturales. Esta decisión no será revisable.

2. ¿Cuál es el contenido de la decisión motivada?

Incluirá, según sea pertinente, la información sobre su eficacia y la relativa al derecho de la compañía aérea a impugnarla, el plazo para el ejercicio de la acción y el derecho del pasajero a no comparecer en este procedimiento judicial.

En cuanto a la eficacia de la decisión adoptada cabe destacar (art. 18 de la Orden TMA/201/2022, de 14 de marzo):

– La decisión será vinculante para la compañía aérea que queda obligada, en caso de estimación de la reclamación, a darle cumplimiento y remitir a AESA justificante que lo acredite, indicando si ha impugnado judicialmente la decisión.

– La decisión no será vinculante para el pasajero que, en todo caso, podrá ejercer las acciones civiles que correspondan frente a la compañía aérea.

¿Qué sucede si la compañía aérea no atiende a la decisión adoptada? Pues bien, si en el plazo de un mes desde la notificación de la decisión, la compañía aérea no la atiende, independientemente de su impugnación, el pasajero podrá instar su ejecución mediante demanda ejecutiva ante el juzgado competente, recabando al efecto de AESA la certificación de la decisión que deberá acompañar a la demanda como título ejecutivo en que esta se funda.

A TENER EN CUENTA. El incumplimiento o cumplimiento tardío o defectuoso de la decisión constituye infracción en relación con la asistencia y compensación a los pasajeros, conforme a lo previsto en el artículo 45 bis de la Ley 21/2003, de 7 de julio, de Seguridad Aérea. El procedimiento sancionador que se inicie por infracción administrativa de las obligaciones establecidas en esta ley, cuando los hechos que motivan su incoación constituyan antecedentes de la decisión adoptada, no se suspenderá por la impugnación de la decisión por la compañía aérea (art. 18.4. de la Orden TMA/201/2022, de 14 de marzo).

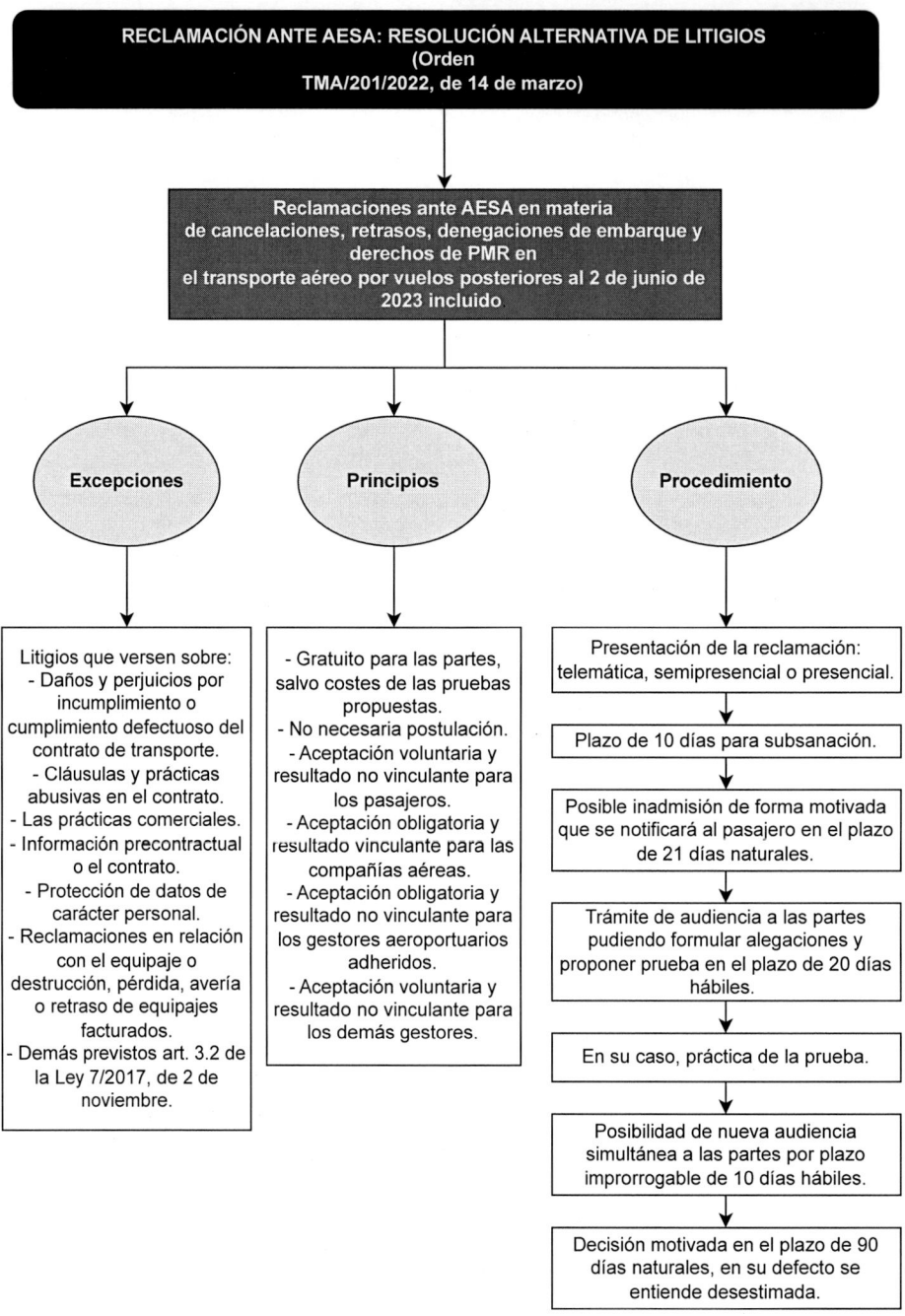

RECLAMACIÓN ANTE AESA: RESOLUCIÓN ALTERNATIVA DE LITIGIOS
(Orden
TMA/201/2022, de 14 de marzo)

Reclamaciones ante AESA en materia
de cancelaciones, retrasos, denegaciones de embarque y
derechos de PMR en
el transporte aéreo por vuelos posteriores al 2 de junio de
2023 incluido

Excepciones

Principios

Procedimiento

Litigios que versen sobre:
- Daños y perjuicios por incumplimiento o cumplimiento defectuoso del contrato de transporte.
- Cláusulas y prácticas abusivas en el contrato.
- Las prácticas comerciales.
- Información precontractual o el contrato.
- Protección de datos de carácter personal.
- Reclamaciones en relación con el equipaje o destrucción, pérdida, avería o retraso de equipajes facturados.
- Demás previstos art. 3.2 de la Ley 7/2017, de 2 de noviembre.

- Gratuito para las partes, salvo costes de las pruebas propuestas.
- No necesaria postulación.
- Aceptación voluntaria y resultado no vinculante para los pasajeros.
- Aceptación obligatoria y resultado vinculante para las compañías aéreas.
- Aceptación obligatoria y resultado no vinculante para los gestores aeroportuarios adheridos.
- Aceptación voluntaria y resultado no vinculante para los demás gestores.

Presentación de la reclamación: telemática, semipresencial o presencial.

Plazo de 10 días para subsanación.

Posible inadmisión de forma motivada que se notificará al pasajero en el plazo de 21 días naturales.

Trámite de audiencia a las partes pudiendo formular alegaciones y proponer prueba en el plazo de 20 días hábiles.

En su caso, práctica de la prueba.

Posibilidad de nueva audiencia simultánea a las partes por plazo improrrogable de 10 días hábiles.

Decisión motivada en el plazo de 90 días naturales, en su defecto se entiende desestimada.

4.
LAS RECLAMACIONES EN VÍA JUDICIAL

Las reclamaciones que surgen en caso de incidencias aéreas podrán, como ya hemos visto, resolverse por tres vías: la reclamación ante la compañía aérea, trámite necesario y previo a cualquier otro; reclamación ante AESA, vinculante o no, atendiendo a la fecha del vuelo; y, finalmente la vía judicial. Constituye esta vía el último eslabón disponible para los pasajeros a los efectos de ver resarcidos sus derechos en el ámbito del transporte aéreo. **Pero ¿en qué momento podrá acudirse a la vía judicial?** Pues bien, en este punto hay que partir de la obligación de reclamar ante cualquier incidencia aérea, en primer lugar, ante la propia compañía, cumplido este trámite podrá acudirse, con carácter general, a la vía judicial para resolver este tipo de reclamaciones en cualquier momento.

No obstante lo anterior, hay que hacer referencia a distintos supuestos a efectos de acudir a los órganos jurisdiccionales en este ámbito. Así, en primer lugar, en los casos que entran dentro del ámbito de aplicación de los Reglamentos (CE) n.º 261/2004 de 11 de febrero, y n.º 1107/2006, de 5 de julio, se contempla la posibilidad de acudir, con carácter previo a la vía judicial, a la reclamación ante la Agencia Estatal de Seguridad Aérea. En estos casos, su decisión será meramente informativa, no vinculante, aunque positiva para la reclamación judicial si se trata de reclamaciones por vuelos operados antes del 1 de junio de 2023, incluido.

Sin embargo, en los vuelos posteriores al 2 de junio de 2023, incluido, en los que se seguirá el procedimiento de resolución alternativa de litigios, la decisión que se dicte por AESA será vinculante para la compañía aérea, de manera que, en caso de no ser atendida, se podrá acudir a la vía judicial para exigir su ejecución, teniendo dicha decisión la condición de título ejecutivo a tales efectos (art. 18 de la Orden TMA/201/2022, de 14 de marzo). Este nuevo procedimiento no suprime la vía judicial para los casos en que resulta aplicable, si bien, dado que es más rápido y sencillo se busca evitar aquella vía y dar mayor agilidad a las reclamaciones aéreas.

CUESTIÓN

¿Cuál es el plazo para acudir a la vía judicial por una reclamación aérea tras el procedimiento de resolución alternativa de litigios?

Dictada decisión motivada por AESA en el procedimiento de resolución alternativa de litigios y siendo aquella vinculante para la compañía aérea, el pasajero que, en el plazo de un mes desde la notificación de la decisión, no vea atendida esta por la compañía, aun cuando la haya impugnado, podrá acudir al juzgado competente a instar su ejecución.

Si bien, la decisión dictada no es vinculante para el pasajero, este podrá en cualquier caso ejercer las acciones civiles que tenga contra la compañía aérea.

Fuera del ámbito de aplicación de los citados reglamentos ¿qué sucede? Pues bien, en esos casos hecha la reclamación ante la compañía aérea quedará expedita la vía judicial a los pasajeros para hacer valer sus derechos.

¿Cuál será el procedimiento aplicable en las reclamaciones judiciales aéreas?

Planteada la reclamación aérea en la vía judicial, cabe aplicar el procedimiento que corresponda atendiendo a la cuantía, toda vez que, este tipo de reclamaciones se sustancian como reclamaciones de cantidad. En este sentido, dadas las compensaciones económicas previstas para estos supuestos, han de seguirse los **trámites previstos para el juicio verbal** cuando la cuantía no exceda de 15.000 euros (art. 250 de la LEC, apartado 2), lo que sucede mayoritariamente en estos casos.

A TENER EN CUENTA. El apartado 2 del artículo 250 de la LEC ha sido modificado por el **Real Decreto-ley 6/2023, de 19 de diciembre**, con entrada en vigor el 20 de marzo de 2024. Con esta modificación la cuantía de las demandas en el juicio verbal pasa de 6.000 a 15.000 euros.

Competencia en materia de reclamaciones aéreas

Dada la incidencia internacional del transporte aéreo a los efectos de determinar la competencia habrá de tenerse en cuenta el juego de diferentes normas comunitarias y nacionales.

El primer paso es determinar a quién corresponde la competencia internacional, en este sentido, hay que distinguir según cuál sea la norma aplicable a la reclamación.

Pues bien, en los **casos en los que se rija por lo previsto en el Reglamento (CE) n.º 261/2004 de 11 de febrero**, este no contempla norma alguna en materia de determinación de la competencia internacional por lo que habrá de fijarse esta por aplicación del **Reglamento (UE) n.º 1215/2012**, del Parlamento Europeo y del Consejo, de 12 de diciembre de 2012 relativo a la competencia judicial, el reconocimiento y la ejecución de resoluciones judiciales en materia civil y mercantil. No existiendo norma específica aplicable para determinar la competencia en relación con el transporte aéreo y excluido el contrato de transporte de las normas de competencia determinadas para los contratos celebrados por consumidores, se aplicará la regla general prevista en el artículo 4 del **Reglamento (CE) n.º 1215/2012, de 12 de diciembre de 2012**, esto es, para fijar la competencia de los órganos jurisdiccionales de un determinado Estado miembro, se atenderá al domicilio del demandado.

> **A TENER EN CUENTA.** El artículo 17 del **Reglamento (CE) n.º 1215/2012, de 12 de diciembre de 2012**, en relación con las normas de competencia en materia de contratos celebrados por los consumidores, excluye de su aplicación el «(...) contrato de transporte, salvo el caso de los que, por un precio global, ofrecen una combinación de viaje y alojamiento».

Y, en defecto de domicilio del demandado en Estado miembro **¿cómo se determina la competencia judicial?** En este caso, se atenderá a la legislación de cada Estado miembro, en España, serán de aplicación las normas previstas en los artículos 22 y siguientes de la LOPJ.

En las reclamaciones aéreas también puede aplicarse, en base al citado **Reglamento (CE) n.º 1215/2012, de 12 de diciembre de 2012**, su artículo 7, de manera que la competencia puede determinarse por el lugar en que hayan sido o deban ser prestados los servicios. A los efectos de determinar cuál es este lugar resulta interesante el **auto del Tribunal de Justicia de la Unión Europea n.º C-606/19, de 13 de febrero de 2020, ECLI:EU:C:2020:101**, que en relación con vuelos que se operan en varios trayectos señala:

> «(...) consisten en preguntar al Tribunal de Justicia, esencialmente, si el artículo 7, punto 1, letra b), segundo guion, del Reglamento n.º 1215/2012 debe interpretarse en el sentido de que, cuando se trate de un **vuelo caracterizado por una única reserva confirmada para el conjunto del itinerario y dividido en varios trayectos**, puede entenderse como "lugar de cumplimiento", en el sentido de dicha disposición, el lugar de salida del primer trayecto si el transporte en esos trayectos se realiza por dos transportistas aéreos distintos y si la demanda de indemnización, presentada sobre la base del Reglamento n.º 261/2004, **tiene su origen en la cancelación del último trayecto y está dirigida contra el transportista aéreo encargado de realizar ese último trayecto.**
>
> 23 A este respecto, ha de recordarse que el artículo 7, punto 1, letra b), segundo guion, del Reglamento n.º 1215/2012 dispone que, en materia contractual, a fin de demandar a una persona domiciliada en un Estado miembro en otro Estado miembro, el lugar de cumplimiento de la obligación que constituya la base de la demanda será, a los efectos de aplicar esta disposición, y salvo pacto en contrario, **cuando se trate de una prestación de servicios, el lugar del Estado miembro en el que, según el contrato, hayan sido o deban ser prestados los servicios.**
>
> 24 A este respecto, también procede recordar que, en la medida en que el Reglamento n.º 1215/2012 deroga y sustituye al Reglamento (CE) n.º 44/2001 del Consejo, de 22 de diciembre de 2000, relativo a la compe-

tencia judicial, el reconocimiento y la ejecución de resoluciones judiciales en materia civil y mercantil (DO 2001, L 12, p. 1), **la interpretación por el Tribunal de Justicia de las disposiciones de este último Reglamento será igualmente válida para el Reglamento n.º 1215/2012 cuando las disposiciones de ambos instrumentos de Derecho de la Unión puedan calificarse como equivalentes** (sentencia de 8 de mayo de 2019, Kerr, C-25/18, EU:C:2019:376, apartado 19 y jurisprudencia citada).

(...)

26 En lo que respecta al artículo 5, punto 1, del Reglamento n.º 44/2001, el Tribunal de Justicia ha declarado, por lo que atañe a los **vuelos directos,** que tanto el lugar de salida como el lugar de llegada del avión deben considerarse, indistintamente, los lugares de prestación principal de los servicios que son objeto de un contrato de transporte aéreo, de modo que quien presenta una demanda de indemnización al amparo del Reglamento n.º 261/2004 puede optar por hacerlo ante el tribunal en cuya demarcación se halle o bien el lugar de salida, o bien el lugar de llegada del avión, tal como dichos lugares estén previstos en el contrato (véase, en este sentido, la sentencia de 9 de julio de 2009, Rehder, C-204/08, EU:C:2009:439, apartados 43 y 47).

27 A este respecto, el Tribunal de Justicia ha precisado que el concepto de "lugar de cumplimiento", tal como ha sido interpretado en la sentencia de 9 de julio de 2009, Rehder (C-204/08, EU:C:2009:439), pese a referirse a un vuelo directo, **es de aplicación también, mutatis mutandis, a una situación en la que el vuelo con escalas caracterizado por una única reserva para todo el itinerario incluye dos trayectos** (véase, en este sentido, la sentencia de 7 de marzo de 2018, flightright y otros, C-274/16, C-447/16 y C-448/16, EU:C:2018:160, apartados 69 y 71).

28 En consecuencia, cuando un vuelo se caracteriza por una única reserva confirmada para todo el itinerario e incluye dos trayectos, quien presenta una demanda de indemnización sobre la base del Reglamento n.º 261/2004 también tiene la opción de presentar tal demanda o bien ante el tribunal en cuya demarcación se halle el lugar de salida del primer trayecto, o **bien ante el tribunal en cuya demarcación se halle el lugar de llegada del segundo trayecto.**

29 Como se desprende de la resolución de remisión, en el litigio principal, **el vuelo de que se trata incluía tres trayectos.** No obstante, en la medida en que un contrato de transporte aéreo se caracteriza por una única reserva confirmada para todo el itinerario, dicho contrato obliga al transportista aéreo a transportar a un pasajero de un punto A a un punto D. Tal operación de transporte es un servicio en el que uno de los lugares de prestación principal se encuentra en el punto A (véase, por analogía, la sentencia de 7 de marzo de 2018, flightright y otros, C-274/16, C-447/16 y C-448/16, EU:C:2018:160, apartado 71).

(...)

36 Habida cuenta de todas las consideraciones anteriores, procede responder a las cuestiones prejudiciales planteadas que el artículo 7, punto 1, letra b), segundo guion, del Reglamento n.º 1215/2012 debe interpretarse en el sentido de que, **cuando se trate de un vuelo caracterizado por una**

única reserva confirmada para el conjunto del itinerario y dividido en varios trayectos, puede entenderse como "lugar de cumplimiento", en el sentido de dicha disposición, el lugar de salida del primer trayecto si el transporte en esos trayectos se realiza por dos transportistas aéreos distintos y si la demanda de indemnización, presentada sobre la base del Reglamento n.º 261/2004, tiene su origen en la cancelación del último trayecto y está dirigida contra el transportista aéreo encargado de realizar ese último trayecto».

¿Qué sucede en los casos en que no es de aplicación el Reglamento (CE) n.º 261/2004 de 11 de febrero? Fuera del ámbito de aplicación del referido reglamento, cuando se trate de supuestos incluidos en el Convenio de Montreal de 28 de mayo de 1999, este contempla una norma específica en materia de competencia —artículo 33 del Convenio— de la que se infiere:

«1. Una acción de indemnización de daños deberá iniciarse, a elección del demandante, en el territorio de uno de los Estados Partes, sea ante el tribunal del domicilio del transportista o de su oficina principal, o del lugar en que tiene una oficina por cuyo conducto se ha celebrado el contrato, sea ante el tribunal del lugar de destino.

2. Con respecto al daño resultante de la muerte o lesiones del pasajero, una acción podrá iniciarse ante uno de los tribunales mencionados en el párrafo 1 de este artículo, o en el territorio de un Estado Parte en que el pasajero tiene su residencia principal y permanente en el momento del accidente y hacia y desde el cual el transportista explota servicios de transporte aéreo de pasajeros en sus propias aeronaves o en las de otro transportista con arreglo a un acuerdo comercial, y en que el transportista realiza sus actividades de transporte aéreo de pasajeros desde locales arrendados o que son de su propiedad o de otro transportista con el que tiene un acuerdo comercial.

3. Para los fines del párrafo 2.

a) "acuerdo comercial" significa un acuerdo, que no es un contrato de agencia, hecho entre transportistas y relativo a la provisión de sus servicios conjuntos de transporte aéreo de pasajeros;

b) "residencia principal y permanente" significa la morada fija y permanente del pasajero en el momento del accidente. La nacionalidad del pasajero no será el factor determinante al respecto.

4. Las cuestiones de procedimiento se regirán por la ley del tribunal que conoce el caso».

Por lo que se refiere al precepto anterior, la **sentencia del Tribunal de Justicia de la Unión Europea n.º C-213/18, de 7 de noviembre de 2019, ECLI:EU:C:2019:927,** establece:

«49 Del tenor del artículo 33 del Convenio de Montreal se desprende que este permite al demandante optar por llevar al transportista aéreo de que se trate, en el territorio de uno de los Estados parte, sea ante el tribunal del domicilio del transportista, o de su oficina principal, o del lugar en que tiene una oficina por cuyo conducto se ha celebrado el contrato, sea ante el tribunal del lugar de destino del vuelo en cuestión.

(...)

53 No obstante, la interpretación según la cual el artículo 33, apartado 1, del Convenio de Montreal tiene por objeto **designar no solo al Estado parte competente para conocer de la acción de responsabilidad de que se trate, sino también a los tribunales de ese Estado ante el que se haya interpuesto la acción**, puede contribuir a la realización del objetivo de una mayor unificación, tal como se expresa en el preámbulo de dicho instrumento, y a la protección de los intereses de los usuarios, al tiempo que se garantiza un equilibrio equitativo con los intereses de los transportistas aéreos.

(...)

55 Teniendo en cuenta las consideraciones anteriores, procede responder a la segunda cuestión prejudicial que el artículo 33, apartado 1, del Convenio de Montreal debe interpretarse en el sentido de que regula, en el marco de una **acción de indemnización de un perjuicio comprendida en el ámbito de aplicación de este Convenio, no solo el reparto de la competencia judicial entre los Estados parte en este, sino también el reparto de la competencia territorial entre los órganos jurisdiccionales de cada uno de dichos Estados**».

Una vez determinada, conforme a lo expuesto anteriormente, la competencia internacional de los tribunales españoles resta referirse al órgano jurisdiccional español que ha de conocer de las reclamaciones aéreas.

En este sentido, el **artículo 86 de la LOPJ,** en su apartado **ter,** declaraba la competencia de **los juzgados de lo mercantil en materia de transportes,** si bien esto ha sido así hasta la reforma operada por la **LO 7/2022, de 27 de julio,** en vigor desde el 17 de agosto de 2022, que modifica, entre otros, el citado precepto y, además, el artículo 86 bis de la LOPJ. Este último atribuye a los juzgados de lo mercantil el conocimiento de cuantas cuestiones sean de la competencia del orden jurisdiccional civil en materia de derecho aéreo, si bien hace expresa exclusión de dicha competencia de las cuestiones «(...) en materia de daños derivadas de la destrucción, pérdida o avería del equipaje facturado previstas en el Convenio para la unificación de ciertas reglas para el transporte aéreo internacional hecho en Montreal el 28 de mayo de 1999; ni de las cuestiones previstas en el Reglamento (CE) n.º 261/2004 del Parlamento Europeo y del Consejo, de 11 de febrero de 2004, por el que se establecen normas comunes sobre compensación y asistencia a los pasajeros aéreos en caso de denegación de embarque y de cancelación o gran retraso de los vuelos, y se deroga el Reglamento (CEE) n.º 295/91 (...)».

Entonces **¿quién conoce ahora de este tipo de reclamaciones?** Corresponde ahora la competencia a los juzgados de primera instancia.

Legitimación en las reclamaciones aéreas

En materia de legitimación cabe citar el artículo 10 de la LEC que considera parte legítima a quienes comparezcan y actúen en juicio como titulares de la relación jurídica u objeto litigioso, exceptuando los casos en que por ley se atribuya legitimación a persona distinta del titular.

‖ Legitimación activa

Así pues, en las reclamaciones aéreas están **legitimados activamente los pasajeros** entendidos como usuarios del transporte aéreo. Existen casos en los que la reclamación aérea no se efectúa por el propio pasajero, tal es el supuesto en el que actúan los progenitores de los pasajeros menores de edad o el caso en que el pasajero ha cedido su derecho a reclamar.

En el primer caso, cuando el **pasajero para el que se ha contratado el vuelo sea menor de edad**, estarán legitimados para reclamar sus progenitores, así cabe citar la **sentencia de la Audiencia Provincial de Pontevedra n.º 55/2023, de 7 de febrero, ECLI:ES: APPO:2023:256**:

> «La contratación del viaje debe entenderse hecha por ambos progenitores pues en cualquier cuestión relacionada con los hijos y a falta de prueba de elementos suficientes en contrario es imputable a ambos la actuación unilateral de uno de ellos, tal y como se desprende de la regulación del ejercicio conjunto de la patria potestad en el art. 156 del Código civil (EDL 1889/1), en particular cuando declara que "respecto de terceros de buena fe, se presumirá que cada uno de los progenitores actúa en el ejercicio ordinario de la patria potestad con el consentimiento del otro".
>
> Esta invocación del régimen de la patria potestad no significa que los contratantes sean los hijos, pues resulta manifiesto que como es habitual en muchos contratos, entre ellos los que tienen por objeto el transporte y el alojamiento, estamos ante una contratación realizada en nombre propio pero en beneficio o interés de un tercero».

En segundo lugar, en aquellos casos en que el **pasajero legitimado haya cedido su derecho a reclamar tampoco cabe hablar de falta de legitimación de la cesionaria**. En este punto destaca la **sentencia de la Audiencia Provincial de Baleares n.º 575/2019, de 31 de julio, ECLI:ES:APIB:2019:1856**, cuando señala:

> «(...) procede analizar si los 4 viajeros perjudicados cedieron válidamente su derecho de crédito a la parte actora.
>
> El Reglamento 261/2004 no se contempla la prohibición de la transmisión o cesión de los créditos, simplemente se manifiesta que el pasajero tendrá derecho a indemnización. Sobre este particular hemos de mencionar que no albergando prohibición legal y no estando ante un derecho intransmisible por su naturaleza, es decir si fuese personalísimo e intransmisible, no se observa objeción por este juzgador a la cesión de los créditos. En síntesis, no concurre regla de excepción a la transmisibilidad de crédito, como sería (i) la específica naturaleza del crédito en cuestión bien porque la persona del acreedor determina las características de la prestación o porque, por ejemplo, se trata de un derecho accesorio a otro principal del que no puede desgajarse; (ii) la existencia de una prohibición convencional (pactum de non cedendo); o (iii) una prohibición de carácter legal.
>
> De hecho, la STJUE de 17 de febrero de 2016 (TJCE 2016, 30) confirma la tesis expuesta en la resolución cuando permite a un tercero diferente del pasajero, demandar a la compañía aérea para resarcirse de los daños ocasionados por un retraso en un vuelo.

En concreto en el parágrafo 25 de la sentencia se concluye "ha de señalarse que, en virtud del artículo 29 del Convenio de Montreal (LCEur 2001, 2488), relativo a las reclamaciones, en el transporte de pasajeros, de equipaje y de carga, toda acción de indemnización de daños, sea que se funde en el mismo Convenio, en un contrato o en un acto ilícito, sea en cualquier otra causa, solamente podrá iniciarse con sujeción a condiciones y a límites de responsabilidad como los previstos en el referido Convenio, sin que ello afecte a la cuestión de qué personas pueden iniciar las acciones y cuáles son sus respectivos derechos". De hecho a lo largo de la sentencia se efectúa un análisis de la normativa aplicable, concluyendo que el legislador internacional en modo alguno condiciona el ejercicio de la acción a ostentar una concreta condición subjetiva, sino a la concurrencia de las circunstancias previstas en la normativa, tales como el retraso, y que el fin de la normativa es la protección de los usuarios del transporte aéreo, sin que ello suponga una equiparación absoluta entre usuario y pasajero, aperturando aquel concepto a otros sujetos que no son transportados. Por todo ello concluye que la responsabilidad del transportista aéreo deriva de la existencia de un contrato de transporte con independencia de que quien reclame es o no el propio pasajero.

La conclusión final es la posibilidad de permitir la cesión por parte de los pasajeros de los créditos que pudieran derivar de un contrato de transporte aéreo, y las peculiaridades expuestas en este caso (preocupación por los menores de edad y/o vulneración de los derechos de los consumidores incluidas) no justifican la estimación del recurso».

Con cita a la anterior, la **sentencia del Juzgado de lo Mercantil n.° 18 de Madrid n.° 1801/2023, de 27 de abril, ECLI:ES:JMM:2023:652**, recoge:

«La **cesión de derechos de crédito es una figura jurídica perfectamente admisible en derecho y reconocida en el Código Civil**, pudiendo tener por objeto tanto derechos de crédito ciertos ya vencidos, líquidos y exigibles como derechos de crédito futuros e incluso, litigiosos.

En este caso, el **derecho de crédito dimana de una obligación legal derivada del Convenio de Montreal de 28 de mayo 1999**, viniendo las compañías aéreas obligadas a pagar a los pasajeros las oportunas indemnizaciones por extravío, retrasos y daños en el equipaje, sin necesidad de que éstos les tengan que interponer para ello una demanda, por lo que el crédito existe y más cuando la demandada no discute la incidencia en sí misma.

Respecto a la naturaleza del contrato en el que se fundamenta el escrito rector, cierto es que de la lectura del mismo surge la **duda de si estamos ante un verdadero contrato de cesión de créditos o bien, ante un contrato de gestión de cobro de ese derecho de crédito**, pues lo que se transmite por parte del pasajero a la actora es la titularidad del crédito a los fines de reclamar, financiar y gestionar judicial y extrajudicialmente la eventual compensación por incidencias en el vuelo, (...).

En cualquier caso, sea como contrato cesión de créditos o como gestión de cobros, entendemos que la **actora goza de plena legitimación activa, primero porque el contrato de cesión de créditos futuros y el contrato de gestión de cobro de esos derechos son dos figuras jurídicas muy próximas entre sí, debiendo estar al contenido obligacional de cada contrato y segundo, porque el contenido obligacional del contrato debe entenderse en el marco de los derechos que tiene el pasajero como consumidor y que le facilitan la reclamación de los derechos económicos que tiene reconocido por ley derivados de las incidencias surgidas durante el transporte aéreo, de ahí que deban ser admitidos en derecho por el art. 7 de la directiva comunitaria 93/13. De tal suerte que cualquier cláusula contractual que estuviera inserta en las condiciones generales de los contratos suscritos entre los pasajeros y las compañías aéreas limitativas de la cesión a terceros de esos derechos debería ser consideraría nula por abusiva y expulsada incluso de oficio del contrato por los tribunales nacionales, de conformidad con consolidada doctrina del T.J.U.E. como por ejemplo, en sentencias de 9-11-2010 y de 14-6-2012.

(...)

El hecho de que la actora no haya acreditado el pago previo a los cedentes de sus derechos de crédito tampoco excluye la legitimación activa del instante de este procedimiento, pues la cesión de créditos fututos es perfectamente admisible en derecho (SJM nº 1 de Palma de Mallorca de 29 de mayo de 2018).

Por último, entendemos que los derechos económicos de los que goza el pasajero con motivo de las incidencias surgidas en el transporte aéreo son perfectamente transmisibles conforme a las normas del código civil.

En conclusión, entendemos que el documento de cesión de derechos de crédito que se acompaña con el escrito rector es válido y eficaz al especificar quiénes son las partes contratantes y cuál es el objeto de la cesión, gozando por ello la parte instante de este procedimiento de plena legitimación activa para interponer la presente demanda al amparo del art. 10 de la LEC, no habiendo disposición legal ni cláusula contractual válida que impida o limite la cesión de tales derechos de crédito, ni obligue a que la misma se tenga que realizar en documento notarial para que surta plena validez, siendo admisible incluso una cesión verbal de los derechos».

|| Legitimación pasiva

La legitimación pasiva en las reclamaciones aéreas la ostenta la empresa de transporte aéreo encargada de efectuar el vuelo, esto es, la compañía aérea responsable del incumplimiento de los derechos de los pasajeros.

CUESTIÓN

¿Qué se entiende por transportista aéreo encargado de efectuar un vuelo?

Atendiendo a lo previsto en el artículo 2 del **Reglamento (CE) n.º 261/2004 del Parlamento Europeo y del Consejo, de 11 de febrero de 2004**, el transportista aéreo encargado de efectuar un vuelo se define como toda empresa de transporte aéreo con licencia de explotación válida que lleve a cabo o pretenda llevar a cabo un vuelo conforme a un contrato con un pasajero o en nombre de otra persona, jurídica o física, que tenga un contrato con dicho pasajero.

Las dudas en materia de legitimación pasiva surgen en aquellos casos en que la operación de transporte se compone de varios vuelos operados por diferentes compañías aéreas pero contratados con un solo operador.

A estos efectos el TJUE ha venido declarando reiteradamente que un vuelo con una o varias conexiones que han sido objeto de una reserva única forma un conjunto a efectos del derecho a compensación de los pasajeros, así señala la **STJUE n.º C-502/18, de 11 de julio de 2019, ECLI:EU:C:2019:604**, que:

> «(...) **los vuelos con una o más conexiones directas que dan lugar a una reserva única deben entenderse como una unidad**, lo que implica que, en el marco de esos vuelos, un transportista aéreo encargado de efectuar un vuelo que ha efectuado el primer vuelo no puede escudarse en la mala ejecución de un vuelo posterior operado por otro transportista aéreo.
>
> 28 A continuación, el artículo 3, apartado 5, segunda frase, del Reglamento n.o 261/2004 precisa que, cuando un transportista aéreo encargado de efectuar un vuelo que no tenga contrato con el pasajero dé cumplimiento a obligaciones en virtud de dicho Reglamento, se considerará que lo hace en nombre de la persona que tiene un contrato con el pasajero.
>
> 29 De ese modo, en una situación como la del litigio principal, en la que, en el marco de un vuelo con conexión directa compuesto de dos vuelos que dieron lugar a una reserva única, **el segundo vuelo es realizado, en virtud de un acuerdo de código compartido, por un transportista aéreo distinto del transportista aéreo que celebró el contrato de transporte con los pasajeros de que se trata y que efectuó el primer vuelo, este último transportista continúa contractualmente vinculado a los pasajeros, incluso en el marco de la ejecución del segundo vuelo**».

En relación con lo anterior, para determinar si es posible que los pasajeros dirijan su reclamación a la compañía aérea que opera alguno de los vuelos pero con la que no se ha contratado directamente resulta interesante la **STJUE n.º C-561/20, de 7 de abril de 2022, ECLI:EU:C:2022:266**:

> «38 Así pues, debe considerarse como **transportista aéreo encargado de efectuar un vuelo al transportista que, en el marco de su actividad de transporte de pasajeros, decide realizar un vuelo concreto, incluida la fijación del itinerario y crear por tanto una oferta de transporte aéreo para los interesados.** La adopción de tal decisión implica, en efecto, que dicho transportista asume la responsabilidad de la realización del referido vuelo, incluida, en particular, la responsabilidad por su posible anulación o gran retraso a su llegada (sentencia de 4 de julio de 2018, Wirth y otros, C-532/17, EU:C:2018:527, apartado 20).
>
> 39 (...) cuando un **transportista aéreo encargado de efectuar un vuelo que no tenga contrato con el pasajero dé cumplimiento a obligaciones en virtud del citado Reglamento, se considera que lo hace en nombre de la persona que tiene un contrato con el pasajero.**
>
> 40 (...) la **falta de un vínculo contractual entre los pasajeros afectados y el transportista aéreo encargado de efectuar el vuelo es irrelevante,** siempre que este último se halle vinculado a su vez por una relación contractual con el transportista que tenga contrato con esos pasajeros.

(...)

44 Habida cuenta de las consideraciones anteriores, procede responder a la primera cuestión prejudicial que el artículo 3, apartado 1, letra a), en relación con los artículos 6 y 7 del Reglamento n.o 261/2004 debe interpretarse en el sentido de que un pasajero de un **vuelo con conexión directa que se compone de dos tramos de vuelo y que ha sido objeto de una única reserva con un transportista comunitario,** con salida desde un aeropuerto situado en el territorio de un Estado miembro y con destino a un aeropuerto situado en un tercer país, con escala en otro aeropuerto de ese tercer país, tiene **derecho a una compensación por parte del transportista aéreo de un tercer país que ha efectuado la totalidad de dicho vuelo actuando en nombre del mencionado transportista comunitario,** si ese pasajero llegó a su destino final con un retraso de más de tres horas y ese retraso se ha originado en el segundo tramo del referido vuelo».

Cabe, por tanto, confirmar la legitimación pasiva tanto de la compañía con la que contrata el pasajero directamente, como, en su caso, de las compañías aéreas que operan los vuelos, aunque no sea la misma.

5.
ANÁLISIS DE LAS DIFERENTES RECLAMACIONES AÉREAS

5.1. Reclamación por retrasos en los vuelos

Se considera que existe retraso en un vuelo cuando la hora de salida efectiva del mismo difiere de la hora de salida prevista en:

- **2 horas o más** en el caso de todos los vuelos de 1500 km o menos.

- **3 horas o más** en el caso de todos los vuelos intracomunitarios de más de 1500 km y de todos los demás vuelos de entre 1500 y 3500 km.

- **4 horas o más** en el caso de todos los vuelos no comprendidos en los puntos anteriores.

En los casos de retraso, el pasajero tendrá derecho de atención por parte del transportista aéreo **¿cómo se concreta esta atención?** El transportista tendrá que prestarle la siguiente asistencia:

- **Comida y refrescos suficientes**, en función del tiempo que sea necesario esperar.

- **Gratuitamente dos llamadas telefónicas, télex o mensajes de fax, o correos electrónicos.**

- **Cuando la hora de salida prevista sea como mínimo al día siguiente** a la hora previamente anunciada:

  - Alojamiento en un hotel en los casos en que sea necesario pernoctar una o varias noches, o en que sea necesaria una estancia adicional a la prevista por el pasajero.

  - Transporte entre el aeropuerto y el lugar de alojamiento (hotel u otros).

- **Cuando el retraso sea de 5 horas como mínimo** el transportista aéreo deberá reembolsar en 7 días, el coste íntegro del billete en el precio al que se compró, correspondiente a la parte o partes del viaje no efectuadas y a la parte o partes del viaje efectuadas, si el vuelo ya no tiene razón de ser en relación con el plan de viaje inicial del pasajero, junto con, cuando proceda, un vuelo de vuelta al primer punto de partida lo más rápidamente posible.

Y, en cualquier caso, se ofrecerá la asistencia dentro de los límites de tiempo establecidos más arriba con respecto a cada tramo de distancias.

Si la compañía aérea no presta la asistencia señalada de forma gratuita al pasajero, este conservará los recibos de los gastos que haya efectuado para reclamárselos a la compañía posteriormente.

Además del derecho de asistencia ¿**cabe hablar en caso de retraso en un vuelo de un derecho de compensación del pasajero?** Sí, existe derecho de compensación del pasajero en los casos de retraso en la llegada del vuelo al destino final, en concreto, cuando la hora de llegada efectiva difiera en tres horas o más de la llegada prevista. En este sentido la sentencia del **Tribunal de Justicia de la Unión Europea n.º C-581/10 y C-629/10, de 23 de octubre de 2012, ECLI:EU:C:2012:657,** señala:

> «Los artículos 5 a 7 del Reglamento (CE) nº 261/2004 del Parlamento Europeo y del Consejo, de 11 de febrero de 2004, por el que se establecen normas comunes sobre compensación y asistencia a los pasajeros aéreos en caso de denegación de embarque y de cancelación o gran retraso en los vuelos, y se deroga el Reglamento (CEE) nº 295/91, deben interpretarse en el sentido de que los pasajeros de los vuelos retrasados tienen derecho a ser compensados en virtud de lo dispuesto en dicho Reglamento cuando sufren, debido a tales vuelos, una pérdida de tiempo igual o superior a tres horas, es decir, cuando llegan a su destino tres horas o más después de la hora de llegada inicialmente prevista por el transportista aéreo. Sin embargo, tal retraso no da derecho a una compensación de los pasajeros si el transportista aéreo puede acreditar que el gran retraso se debe a circunstancias extraordinarias que no podrían haberse evitado incluso si se hubieran tomado todas las medidas razonables, es decir, a circunstancias que escapan al control efectivo del transportista aéreo».

Asimismo, el **TJUE en su sentencia n.º** dictada en el **asunto C-474/22, de 25 de enero de 2024, ECLI:EU:C:2024:73,** establece que el derecho a compensación por gran retraso solo se adquiere si el pasajero se presenta con la debida antelación a facturación.

En este caso, un pasajero disponía de una reserva confirmada con una compañía aérea, al considerar que el retraso anunciado de ese vuelo iba a impedirle asistir a una cita profesional, el pasajero decidió no embarcar en el vuelo, que llegó a destino con 3 horas y 32 minutos de retraso.

El **artículo 7.1 apartado a) del Reglamento n.º 261/2004, del Parlamento Europeo y del Consejo de 11 de febrero de 2004,** que establece una compensación de 250 euros para retrasos en vuelos de hasta 1500 kilómetros.

Por su parte el **artículo 3.2 apartado a) del Reglamento n.º 261/2004, del Parlamento Europeo y del Consejo de 11 de febrero de 2004,** señala que el referido reglamento se aplicará a condición de que los pasajeros dispon-

gan de una reserva confirmada en el vuelo de que se trate y, excepto en el caso de la cancelación se **presenten a facturación.**

En base a lo dispuesto anteriormente un tribunal alemán efectúa las siguientes cuestiones al TJUE:

«1) ¿Requiere el derecho a compensación por retraso del vuelo de más de tres horas respecto de la hora de llegada prevista, con arreglo a los artículos 5 a 7 del Reglamento [n.º 261/2004], que el pasajero, conforme al artículo 3, apartado 2, letra a), de dicho Reglamento, se presente a facturación a la hora indicada por el transportista aéreo, el operador turístico o un agente de viajes autorizado, y, en cualquier caso, con una antelación mínima de cuarenta y cinco minutos respecto de la hora de salida anunciada, o el caso de un gran retraso en el sentido señalado está exento de dicho requisito, al igual que sucede en caso de cancelación del vuelo?

2) En el supuesto de que el derecho a compensación no esté exento del requisito de presentarse a facturación por el mero hecho de que se produzca un gran retraso en el sentido antes señalado, ¿se aplica dicha exención si el pasajero tiene indicios suficientemente fundados de que el vuelo llegará con un gran retraso en el sentido antes señalado?».

A las anteriores cuestiones el TJUE declara que ya en anteriores sentencias equipara el gran retraso en la llegada del vuelo a la cancelación de un vuelo, pues los pasajeros de un vuelo afectado por un gran retraso sufren, al igual que los pasajeros de un vuelo cancelado, un perjuicio que se concreta en una pérdida de tiempo irreversible, igual o superior a tres horas, que solo puede repararse mediante una compensación.

Por lo tanto, **resulta probable que un pasajero no que no se haya desplazado al aeropuerto,** como parece ser el caso del demandante en el litigio principal, por disponer de elementos suficientes para concluir que el vuelo llegaría a su destino final con un gran retraso, **no haya sufrido esa pérdida de tiempo.**

Así, aclara el TJUE que una pérdida de tiempo no es un daño generalizado a raíz de un retraso, sino que constituye una molestia, al igual que otras molestias que subyacen a las situaciones de denegación de embarque, de cancelación de vuelo y de gran retraso y que acompañan a esas situaciones, como las incomodidades, el hecho de verse temporalmente privado de medios de comunicación disponibles normalmente o el hecho de no poder gestionar de forma continuada los asuntos personales, familiares, sociales o profesionales:

«Por último, ha de precisarse que un perjuicio causado por no haber asistido a una cita profesional debe considerarse un perjuicio individual, inherente a la situación particular del pasajero afectado, y, por ello, no puede ser indemnizado mediante la compensación prevista en el artículo 7, apartado 1, de dicho Reglamento, que solo tiene por objeto compensar, de manera estandarizada e inmediata, los perjuicios que son prácticamente idénticos para todos los pasajeros afectados (véase, en este sentido, la sentencia de 29 de julio de 2019, Rusu, C-354/18, EU:C:2019:637, apartados 28, 30, 31 y 33).

33 No obstante, tal perjuicio individual puede ser objeto de una "compensación suplementaria" con arreglo al artículo 12 del Reglamento n.º 261/2004, la cual exige que la reclamación se base en el Derecho nacional o internacional [véanse, en este sentido, las sentencias de 29 de julio de 2019, Rusu, C-354/18, EU:C:2019:637, apartados 35 y 36, y de 8 de junio de 2023, Austrian Airlines (Vuelo de repatriación), C-49/22, EU:C:2023:454, apartado 36].

34 A la luz de las consideraciones anteriores, procede responder a la primera cuestión prejudicial que el artículo 3, apartado 2, letra a), del Reglamento n.º 261/2004 debe interpretarse en el sentido de que, para tener derecho a la compensación prevista en los artículos 5, apartado 1, y 7, apartado 1, de dicho Reglamento en caso de gran retraso del vuelo, es decir, un retraso de tres horas o más respecto de la hora de llegada inicialmente prevista por el transportista aéreo, el pasajero aéreo debe haberse presentado con la debida antelación a facturación o, en caso de que haya facturado en línea, debe haberse presentado con la debida antelación en el aeropuerto ante un representante del transportista aéreo encargado de realizar el vuelo».

En cuanto a la segunda cuestión, el TJUE entiende que habida cuenta de la respuesta dada a la primera cuestión prejudicial, no procede responder a la segunda cuestión prejudicial por cuanto es indiferente que el pasajero dispusiera de elementos lo suficientemente seguros que indicaran que el vuelo llegaría a su destino final con un gran retraso.

En lo que se refiere a la **legitimación** para reclamar cabe citar, a título de ejemplo la **sentencia del Juzgado de lo Mercantil n.º 8 de Barcelona n.º 804/2022, de 24 de octubre, ECLI:ES:JMB:2022:11412**, de la que se infiere que **solamente puede reclamar por retraso en la llegada de un vuelo, por cancelación o por denegación de embarque el titular del billete (el pasajero), pues el citado Reglamento (CE) n.º 261/2004, del Parlamento Europeo y del Consejo, de 11 de febrero de 2004**, por el que se establecen normas comunes sobre compensación y asistencia a los pasajeros aéreos en caso denegación de embarque y de cancelación o gran retraso de los vuelos, se refiere en todo caso al «pasajero» como la persona que tiene derecho a la compensación y asistencia que allí se regula.

En consecuencia, teniendo en cuenta que solamente es pasajero quien embarca y viaja (o, en caso de denegación de embarque o de cancelación de vuelo, el que iba a embarcar), y no solo quien haya comprado el billete, cabe negar legitimación activa a quien no pueda acreditar su condición de pasajero.

Así, en sentido similar, también se pronuncia el **Tribunal de Justicia de la Unión Europea en su auto n.º C-756/18, de 24 de octubre de 2019, ECLI:EU:C:2019:902**, en el caso enjuiciado la compañía aérea EasyJet, que no niega el retraso del vuelo, rehúsa el pago de la compensación basándose en que los demandantes en el litigio principal no han presentado las tarjetas de embarque como prueba de que se presentaron a la facturación.

Si bien, los reclamantes consideran que procede clarificar la cuestión de la **prueba de que los viajeros se presentaron al embarque**, y alegan, en particular, que la posesión de una tarjeta de embarque no implica necesariamente que el pasajero se haya presentado efectivamente a la facturación ni que haya embarcado en la aeronave, que el artículo 3 del Reglamento (CE) n.º 261/2004, de 11 de febrero de 2004, no define el concepto de «facturación» y que debe tenerse en cuenta la evolución digital en materia de facturación de pasajeros, marcada por la desmaterialización de las compras de billetes, las modalidades de facturación en línea y los soportes electrónicos de los billetes.

Y, el TJUE resuelve este litigio determinando lo siguiente:

> «El Reglamento (CE) n.º 261/2004 del Parlamento Europeo y del Consejo, de 11 de febrero de 2004, por el que se establecen normas comunes sobre compensación y asistencia a los pasajeros aéreos en caso de denegación de embarque y de cancelación o gran retraso de los vuelos, y se deroga el Reglamento (CEE) n.º 295/91, y en particular su artículo 3, apartado 2, letra a), debe interpretarse en el sentido de que los pasajeros de un vuelo con un retraso de tres horas o más a su llegada y que posean una reserva confirmada en ese vuelo no pueden ver denegada la compensación reconocida en virtud de dicho Reglamento basándose únicamente en que, cuando presentaron su reclamación dirigida a obtener la compensación, no probaron haberse presentado a la facturación de dicho vuelo, en particular mediante la tarjeta de embarque, a menos que se demuestre que dichos pasajeros no fueron transportados en el vuelo retrasado en cuestión, extremo que corresponde verificar al órgano jurisdiccional nacional».

Pese a lo señalado anteriormente, hay que tener en cuenta que **distinto sería el caso en el que el transportista aéreo dispone de datos que puedan demostrar que, en contra de lo que alegan los pasajeros no han sido transportados en el vuelo retrasado de que se trate**, extremo que corresponde verificar al órgano jurisdiccional nacional.

¿Será compensable el daño moral en caso de que se cancele o retrase un vuelo?

El **Reglamento (CE) n.º 261/2004, de 11 de febrero de 2004**, no reconoce el daño moral como susceptible de indemnización, pero los tribunales han ido reconociendo compensaciones a pasajeros por los daños morales sufridos, debidos al «impacto o sufrimiento psíquico o espiritual, impotencia, zozobra, ansiedad, angustia, incertidumbre» y un largo etcétera. A título de ejemplo, respecto de daños morales en caso de retraso, podemos citar la **sentencia de la Audiencia Provincial de Madrid n.º 546/2022, de 11 de julio, ECLI:ES:APM:2022:10724**.

Si bien, en cuanto al resarcimiento de esos daños, el Tribunal Supremo ha admitido en la citadísima **STS n.º 533/2000, de 31 de mayo, ECLI:ES:TS:2000:4430**, la aplicación de **la doctrina de que el daño moral sea adecuadamente resarcido en un caso de transporte aéreo, en razón de la aflicción producida por un retraso, concretamente por la demora en la salida de un viaje**, no obstante, no debe confundirse el daño moral con situaciones de mera molestia, aburrimiento, enojo o enfado, que suelen originarse cuando surgen incidencias desfavorables en un vuelo, pues lo que debe indemnizarse son aquellas situaciones que por su grado de relevancia afecten a la esfera psíquica de la persona, atendiendo tanto a las circunstancias del caso como a las deducibles de un juicio de notoriedad, de manera que se produzca una perturbación de alguna entidad, como consecuencia de las **horas de tensión e incomodidad producidas por una incidencia importante, que se entiendan carentes de justificación alguna.**

Otro ejemplo, es la **sentencia del Juzgado de lo Mercantil de Palma de Mallorca n.º 216/2007, de 19 de septiembre, ECLI:ES:JMIB:2007:296**, que argumenta:

> «Acudiendo al caso de autos, partiendo de la existencia del gran retraso que ya se ha indemnizado, lo cierto es que los demandantes acreditan esa situación desesperada que se proclama, teniendo en cuenta que se encontraban en un país extranjero, con una incertidumbre de si podrían llegar a tiempo a sus conexiones en Madrid (que les permitiese acudir a sus compromisos laborales), con una aeronave sustitutiva perteneciente a una tercera compañía, incumpliendo lo que se había ofertado y contratado, en base a la propia publicidad que la empresa demandada hace de sus aviones, definiéndolos como una flota de las modernas y mejor equipadas, consistentes en aviones Airbus de distintos modelos. Ello de manera lógica, crea esa situación de angustia, a lo que se une el hecho de existir una menor entre los pasajeros afectados, en la que la desesperanza de los pasajeros se ve aumentada.
>
> En definitiva, sí que se acreditan daños morales, debiendo cuantificarse los mismos de tal intensidad que justifican las cantidades reclamadas, considerándose adecuadas a los parámetros que se han expuesto en el presente fundamento, la suma de 1.000 € por cada demandante, considerando que todos ellos sufrieron la misma zozobra, el mismo desazón, la misma inquietud, y que la misma se debió a la conducta negligente de la compañía aérea».

5.2. Reclamación por cancelaciones de vuelos

Conforme al artículo 2. l), del **Reglamento (CE) n.º 261/2004, del Parlamento Europeo y del Consejo, de 11 de febrero de 2004**, la cancelación de un vuelo consiste en la **«no realización de un vuelo programado y en el que había reservada al menos una plaza»**.

No obstante la definición anterior, con la finalidad de cumplir con el objetivo de garantizar un elevado nivel de protección de los pasajeros en el transporte aéreo, la jurisprudencia europea ha venido **extendiendo el concepto de cancelación a otras situaciones equiparables** como son los grandes retrasos o el adelanto de un vuelo programado.

En este sentido, respecto al **gran retraso**, señala la **sentencia del Juzgado de lo Mercantil n.º 18 bis de Madrid n.º 1769/2023, de 27 de abril, ECLI:ES:JMM:2023:642**, que:

> «(...) el perjuicio generado a los pasajeros por la cancelación de un vuelo pueden en ocasiones ser completamente equiparables a los causados por un retraso de cierta consideración, los que de seguir tal literalidad quedarían fuera de todo derecho de compensación, al menos conforme al citado Reglamento CEE 261/2004, (...).
>
> El Tribunal de Justicia de la Unión Europea estableció en sus sentencias de 19 de noviembre de 2009 (caso Sturgeon) y de 23 de octubre de 2012 (caso Nelson) que los artículos 5 (cancelación de vuelos), 6 (retraso) y 7 (derecho de compensación) del Reglamento 261/2004 deben interpretarse en el sentido de que los pasajeros de los vuelos retrasados pueden equipararse a los pasajeros de los vuelos cancelados a los efectos de la aplicación del derecho de compensación previsto en el artículo 7 (que solamente está previsto para la denegación de embarque y la cancelación de vuelos, pero no para el retraso) cuando sufren un "gran retraso" (esto es, cuando llegan al destino final tres horas o más después de la hora de llegada inicialmente prevista por el transportista aéreo). Sin embargo, tal retraso no da derecho a una compensación a los pasajeros si el transportista aéreo puede acreditar que el gran retraso se debe a circunstancias extraordinarias que no podrían haberse evitado incluso si se hubieran tomado todas las medidas razonables; es decir, a circunstancias que escapan al control efectivo del transportista aéreo, tal como prevé el artículo 5.3 en sede de cancelación de vuelos como causas de exoneración de la responsabilidad del transportista».

Y respecto del **adelanto de un vuelo programado ¿qué dice la jurisprudencia?** Pues, en este punto, resulta clarificante la **sentencia del TJUE n.º 263/20, de 21 de diciembre de 2021, ECLI:EU:C:2021:1039**. Un gran adelanto de un vuelo se entiende que puede causar a los pasajeros graves molestias de análoga entidad al retraso de un vuelo, ya que «(...) un adelanto supone para los pasajeros la pérdida de la posibilidad de disponer libremente de su tiempo y de organizar su viaje o su estancia en función de sus expectativas».

Entonces, atendiendo al objetivo mencionado en caso de grandes retrasos, también se ha extendido el concepto de vuelo cancelado a aquellos que son objeto de un gran adelanto, pero **¿qué se considera a estos efectos un gran adelanto?** A diferencia del gran retraso que se establece en un retraso de 3 horas o más, en los supuestos de adelanto se fija el límite en una hora, de modo que «(...) cualquier **adelanto de una hora o menos puede eximir al transportista aéreo encargado de efectuar un vuelo de su obligación de compensar al pasajero** con arreglo al artículo 7 de dicho Reglamento. Así pues, procede considerar que un adelanto de más de una hora o de una hora o menos constituye la referencia para determinar si se trata de un gran adelanto o de uno insignificante a efectos de la aplicación del artículo 5 del citado Reglamento».

Concluye el TJUE que «(...) un vuelo se reputa "cancelado" cuando el transportista aéreo encargado de efectuar el vuelo lo adelanta más de una hora».

¿Qué sucede si un vuelo es cancelado?

De acuerdo con el artículo 5 del Reglamento (CE) n.º 261/2004, del Parlamento Europeo y del Consejo, de 11 de febrero de 2004, el transportista aéreo encargado de efectuar el vuelo ofrecerá la siguiente asistencia a los pasajeros afectados:

- El **reembolso en 7 días del coste íntegro del billete en el precio al que se compró**, correspondiente a la parte o partes del viaje no efectuadas y a la parte o partes del viaje efectuadas, si el vuelo ya no tiene razón de ser en relación con el plan de viaje inicial del pasajero, junto con, cuando proceda, un vuelo de vuelta al primer punto de partida lo más rápidamente posible.

- La **conducción hasta el destino final, en condiciones de transporte comparables**, lo más rápido posible.

- La **conducción hasta el destino final en condiciones de transporte comparables**, en una fecha posterior que convenga al pasajero, en función de los asientos disponibles.

Asimismo, el transportista también deberá ofrecer comida y refrescos suficientes, en función del tiempo que sea necesario esperar y dos llamadas telefónicas, télex, o mensajes de fax, o correos electrónicos.

Pero **¿qué ocurrirá en caso de que el transportista ofrezca a los pasajeros un transporte alternativo cuando la salida prevista del nuevo vuelo sea como mínimo al día siguiente de la salida programada del vuelo cancelado?** El transportista aéreo deberá ofrecer gratuitamente a los pasajeros:

- **Alojamiento en un hotel en caso de que el pasajero tenga que pernoctar una o varias noches** o en caso de que sea necesaria una estancia adicional a la prevista por el pasajero.

- **Transporte entre el aeropuerto y el lugar de alojamiento** (hotel u otros).

Además de las obligaciones de asistencia anteriores el transportista aéreo tendrá que compensar económicamente a los pasajeros afectados por la cancelación de la siguiente forma:

Vuelos de hasta 1500 km	250 euros
Vuelos intracomunitarios de más de 1500 km	400 euros
Vuelos no intracomunitarios de entre 1500 km y 3500 km	400 euros
Demás vuelos (más de 3500 km)	600 euros

Asimismo, en caso de que se **ofrezca a los pasajeros la posibilidad de ser conducidos hasta el destino final en un transporte alternativo con una diferencia en la hora de llegada respecto a la prevista para el vuelo inicialmente reservado** la compensación económica podrá ser reducida en un 50 % en los siguientes casos:

– Que **no sea superior a 2 horas**, para todos los vuelos de 1500 km o menos.

– Que **no sea superior a 3 horas**, para todos los vuelos intracomunitarios de más de 1500 km y para todos los demás vuelos de entre 1500 y 3500 km.

– Que **no sea superior a 4 horas**, para todos los vuelos no comprendidos en los dos puntos anteriores.

¿Existirá algún caso en que el que los pasajeros no tengan derecho a la compensación económica en caso de cancelación? Sí, en los siguientes casos recogidos en el **artículo 5.1.c) del Reglamento (CE) n.º 261/2004, del Parlamento Europeo y del Consejo, de 11 de febrero de 2004**, cuando:

– **Se les informe de la cancelación al menos con dos semanas de antelación** con respecto a la hora de salida prevista.

– **Se les informe de la cancelación con una antelación de entre 2 semanas y 7 días** con respecto a la hora de salida prevista y se les ofrezca un transporte alternativo que les permita salir con no más de dos horas de antelación con respecto a la hora de salida prevista y llegar a su destino final con menos de 4 horas de retraso con respecto a la hora de llegada prevista.

– **Se les informe de la cancelación con menos de 7 días de antelación** con respecto a la hora de salida prevista y se les ofrezca tomar otro vuelo que les permita salir con no más de una hora de antelación con respecto a la hora de salidas prevista y llegar a su destino final con menos de 2 horas de retraso con respecto a la hora de llegada prevista.

Asimismo, el transportista aéreo encargado de efectuar un vuelo no estará obligado a pagar una compensación si puede probar que la cancelación se debe a circunstancias extraordinarias que no podrían haberse evitado incluso si se hubieran tomado todas las medidas razonables.

CUESTIÓN

¿Qué se entiende por circunstancias extraordinarias?

Las que no podrían haberse evitado incluso si se hubieran tomado todas las medidas razonables, el **considerando 14 del Reglamento (CE) n.º 261/2004, del Parlamento Europeo y del Consejo, de 11 de febrero de 2004**, arroja algunos ejemplos, como inestabilidad política, condiciones meteorológicas incompatibles con la realización del vuelo, riesgos para la seguridad, deficiencias inesperadas en la seguridad del vuelo y huelgas que afecten a las operaciones de un transportista aéreo encargado de efectuar un vuelo.

Si bien, la **STJUE n.º C-308/21, de 7 de julio de 2022, ECLI:EU:C:2022:533**, ha añadido una circunstancia extraordinaria más al elenco de las que ya se habían ido tejiendo jurisprudencialmente: el fallo generalizado en el suministro de combustible cuando el responsable de su gestión es el aeropuerto de origen de los vuelos o del avión afectado.

A sensu contrario, la sentencia del **Juzgado de lo Mercantil de Barcelona n.º 769/2021, de 26 de julio, ECLI:ES:JMB:2021:6265**, señala en un caso de cancelación del vuelo por condiciones meteorológicas adversas: «Aplicando al presente caso la doctrina legal y jurisprudencial anteriormente expuesta, podemos concluir que la causa alega por la demandada no puede considerarse una circunstancia extraordinaria. Se aportan un documento de uso interno de la compañía aérea en el que se recoge, según la demandada, que era imposible operar en condiciones de seguridad debido a tormentas y lluvias torrenciales. Sin embargo, no se aporta ningún informe meteorológico del aeropuerto de Barcelona emitido por un organismo autorizado sobre el citado día en el que se detallen las magnitudes de la tormenta y de la visibilidad del aeropuerto ni un documento sobre las descargas eléctricas acaecidas en el Aeropuerto de Barcelona durante el mismo día. Tampoco se aporta prueba al respecto, emitida por un organismo distinto a la demandada, que acredite en qué manera tal climatología afectó a la navegación aérea y, en concreto, al vuelo litigioso, pues es un hecho previsible que las circunstancias meteorológicas puedan ser malas durante los vuelos. La climatología adversa es un acontecimiento que, por su naturaleza o por su origen, puede ser inherente al ejercicio normal de la actividad del transportista aéreo de que se trate y no deberían escapar al control de dicho transportista».

Siempre que se informe a los pasajeros de la cancelación, deberá darse una explicación relativa a los posibles transportes alternativos.

En cuanto a la **carga de la prueba de haber informado al pasajero de la cancelación del vuelo**, así como del momento en que se le ha informado, corresponderá al transportista aéreo encargado de efectuar el vuelo.

CUESTIÓN

En caso de que, además del billete de avión, se hayan abonado comisiones a un intermediario que participe en la compra del billete, si se cancela el vuelo, ¿la compañía aérea deberá de reembolsar dichas comisiones?

Para responder a la anterior cuestión podemos mencionar la **sentencia del Tribunal de Justicia de la Unión Europea n.º C-601/17, de 12 de septiembre de 2018, ECLI:EU:C:2018:702**, en la que resuelve el caso planteado por un ciudadano alemán que compró billetes de avión para él y su familia en un sitio web dedicado a la venta de billetes de avión.

El vuelo fue cancelado por lo que la familia solicitó a la compañía aérea la devolución del precio de los billetes, esta le reembolsó 1.031,88 euros negándose a devolver los 77 euros de comisión por la compra de billetes en la web.

El Tribunal de lo Civil y de lo Penal de Hamburgo, Alemania, pide al TJUE que realice una interpretación del **Reglamento (CE) n.º 261/2004 del Parlamento Europeo y del Consejo de 11 de febrero de 2004**, y plantea la consulta de, si el precio del billete que ha de tenerse en cuenta al calcular el importe del reembolso que el transportista aéreo adeuda al pasajero en caso de cancelación del vuelo incluye la diferencia que hay entre el importe abonado por el pasajero y el importe recibido por el transportista aéreo, cuando esa diferencia corresponde a la comisión percibida por una persona que fue intermediaria entre ambos.

Por su parte el TJUE le contesta de forma afirmativa, y señala que «(...) el precio del billete que se tomará en consideración a la hora de calcular el importe del reembolso que el transportista aéreo adeuda al pasajero en caso de cancelación del vuelo incluye la diferencia entre la cantidad abonada por dicho pasajero y la recibida por dicho transportista aéreo, cuando tal diferencia corresponda a la comisión percibida por una persona que participó como intermediaria entre ambos, salvo si esa comisión se fijó a espaldas del transportista aéreo, extremo este que corresponde comprobar al tribunal remitente».

5.3. Reclamación por denegación de embarque. El *overbooking*

Se entiende por **denegación de embarque** la negativa a transportar pasajeros en un vuelo, pese a haberse presentado al embarque en las condiciones previstas en el **artículo 3.2 del Reglamento (CE) n.º 261/2004, del Parlamento Europeo y del Consejo, de 11 de febrero de 2004**, y ello, salvo que haya motivos razonables para denegar su embarque, como son razones de salud o de seguridad o la presentación de documentos de viaje inadecuados.

Un caso de denegación de embarque serían los casos de *overbooking*, esto es, según la RAE, la venta de plazas de avión en número superior al disponible. Se aprecia en este supuesto que «(...) hay dolo civil pues de forma deliberada se incumple la obligación al haber vendido de forma intencionada más billetes que los disponibles y, por tanto, debe responderse de todos los daños que se deriven de la falta de cumplimiento de la obligación» (**sentencia del Juzgado de lo Mercantil n.º 1 de Palma de Mallorca n.º 29/2023, de 7 de febrero, ECLI:ES:JMIB:2023:424**).

¿Qué ocurre en caso de que se deniegue el embarque a un pasajero en contra de su voluntad?

Según señala el **artículo 4 del Reglamento (CE) n.º 261/2004, del Parlamento Europeo y del Consejo, de 11 de febrero de 2004,** por el que se establecen normas comunes sobre compensación y asistencia a los pasajeros aéreos en caso de denegación de embarque y de cancelación o gran retraso de los vuelos, cuando un transportista aéreo encargado de efectuar un vuelo prevea que tendrá que denegar el embarque en un vuelo, deberá:

- **Pedir que se presenten voluntarios que renuncien a sus reservas a cambio de determinados beneficios,** en las condiciones que acuerden el pasajero interesado y el transportista aéreo encargado de efectuar el vuelo.

- En caso de que el **número de voluntarios no sea suficiente** para que los restantes pasajeros con reservas puedan ser embarcados en dicho vuelo, el transportista aéreo encargado de efectuar el vuelo podrá denegar el embarque a los pasajeros contra la voluntad de estos.

- En caso de que **deniegue el embarque a los pasajeros contra la voluntad de estos, el transportista aéreo encargado de efectuar el vuelo deberá compensarles inmediatamente y prestarles asistencia de acuerdo con los artículos 8 y 9 del Reglamento (CE) n.º 261/2004, del Parlamento Europeo y del Consejo, de 11 de febrero de 2004.**

CUESTIONES

1. ¿Qué asistencia recibirán los que se presenten como voluntarios?

Los pasajeros que se presenten como voluntarios para renunciar a sus reservas recibirán la asistencia prevista en el **artículo 8 del Reglamento (CE) n.° 261/2004, del Parlamento Europeo y del Consejo, de 11 de febrero de 2004**, lo que supone el derecho al reembolso o a un transporte alternativo.

2. En caso de denegación de embarque contra la voluntad de los pasajeros ¿qué asistencia le corresponde?

El pasajero al que se le deniegue el embarque en contra de su voluntad tendrá derecho a recibir la compensación prevista en el **artículo 7 del Reglamento (CE) n.° 261/2004, del Parlamento Europeo y del Consejo, de 11 de febrero de 2004**, así como a la asistencia prevista en los artículos 8 y 9 del citado Reglamento, esto es: derecho al reembolso o a un transporte alternativo y a las atenciones relativas a alimentación y bebida, alojamiento y comunicación, con especial atención a las necesidades de las personas con movilidad reducida y sus acompañantes así como de los menores no acompañados.

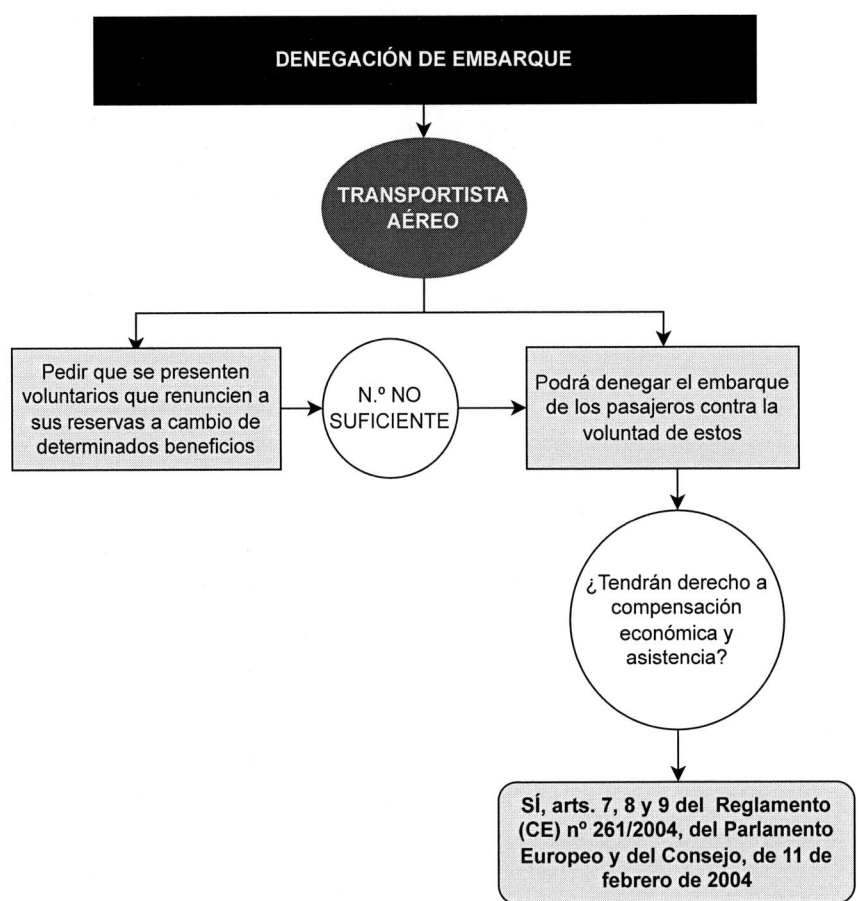

DENEGACIÓN DE EMBARQUE

TRANSPORTISTA AÉREO

Pedir que se presenten voluntarios que renuncien a sus reservas a cambio de determinados beneficios

N.º NO SUFICIENTE

Podrá denegar el embarque de los pasajeros contra la voluntad de estos

¿Tendrán derecho a compensación económica y asistencia?

SÍ, arts. 7, 8 y 9 del Reglamento (CE) nº 261/2004, del Parlamento Europeo y del Consejo, de 11 de febrero de 2004

Pero ¿cuál será el valor de la compensación?

Vuelos de hasta 1500 km	250 euros
Vuelos intracomunitarios de más de 1500 km	400 euros
Vuelos no intracomunitarios de entre 1500 km y 3500 km	400 euros
Demás vuelos (más de 3500 km)	600 euros

CUESTIÓN

¿Cómo se determinarán las distancias a la hora de reclamar una compensación?

La distancia se determinará tomando como base el último destino al que el pasajero llegará con retraso en relación con la hora prevista debido a la denegación de embarque o a la cancelación (art. 7 del Reglamento (CE) n.º 261/2004, del Parlamento Europeo y del Consejo, de 11 de febrero de 2004).

En cuanto a la compensación en casos de denegación de embarque no cabe alegar como causa de exoneración la concurrencia de circunstancias extraordinarias, como sí sucede en los casos de cancelación o gran retraso, en este sentido declara la **sentencia del Juzgado de lo Mercantil n.º 2 de Barcelona n.º 581/2022, de 28 de noviembre, ECLI:ES:JMB:2022:13329**, que:

«La denegación de embarque, que a diferencia de los de cancelación y de gran retraso de un vuelo, involucran sólo a algunos de los pasajeros con reserva regular en el vuelo afectado. Y que a su vez, presentan la característica, dado que la situación tendría su origen en la práctica comercial conocida como "overbooking", en atención a la máxima de la experiencia de la frecuencia del "no show passengers", de intentar maximizar la capacidad de las aeronaves y el provecho comercial, confirmando un mayor número de reservas que las que probablemente harán acto de presencia. Supuesto que en el caso de presentarse pasajeros en exceso, la compañía tendría que hacer frente al régimen de asistencia y compensación previsto en el Reglamento comunitario, sin que a diferencia de los supuestos de cancelación y gran retraso, pudiera alegar las causas exonerativas por el artículo 5.3 del Reglamento de la existencia de circunstancias extraordinarias que no pudieran haberse evitado incluso tomando medidas razonables. Ni tampoco en estos supuestos de cancelación y gran retraso operaría la excepción del deber de compensar en los supuestos de haberse realizado la información y previsión contemplada en el art. 5.2».

En un caso de denegación anticipada de embarque, **¿debe pagarse la compensación por denegación de embarque aun cuando el pasajero afectado no se haya presentado a la facturación?**

Sí, y así lo ha manifestado la sentencia del **Tribunal de Justicia de la Unión Europea asunto C-238/22, de 26 de octubre de 2023, ECLI:EU:C:2023:815**, además declara que el derecho a compensación se aplica aun cuando se haya informado al pasajero de la denegación de embarque con al menos dos semanas de antelación con respecto a la hora de salida prevista del vuelo.

El TJUE señala que, cuando el transportista aéreo ha informado de antemano al pasajero de que le denegará el embarque contra su voluntad en un vuelo para el que dispone de una reserva confirmada, la exigencia de presentarse a la facturación es una formalidad inútil.

De igual forma, **manifiesta que no hay razón para aplicar a las denegaciones de embarque la norma**, prevista únicamente para las cancelaciones de vuelos, **según la cual se exime a los transportistas aéreos de su obligación de compensar a los pasajeros si los informan de la cancelación del vuelo al menos con dos semanas de antelación** con respecto a la hora de salida prevista.

A TENER EN CUENTA. En los supuestos de denegación de embarque la compensación a los pasajeros ha de hacerse de forma inmediata, sin necesidad de que tenga que hacer trámite adicional alguno para que le sea abonada aquella.

5.4. Reclamación por cambio de clase en un vuelo

En caso de que el transportista aéreo **acomode a un pasajero en una plaza de clase superior** a aquella por la que se pagó el billete no podrá solicitarle suplemento alguno.

Pero en caso contrario, si se **acomoda al pasajero en una plaza de clase inferior**, en el **plazo de 7 días** el transportista aéreo le reembolsará:

- **El 30 % del precio del billete** del pasajero para todos los vuelos de 1500 km o menos.
- **El 50 % del precio del billete** para todos los vuelos intracomunitarios de más de 1500 km, excepto los vuelos entre el territorio europeo de los Estados miembros y los territorios franceses de ultramar, y para todos los demás vuelos de entre 1500 y 3500 km.
- **El 75 % del precio del billete** para todos los vuelos no comprendidos en los dos puntos anteriores, incluidos los vuelos entre el territorio europeo de los Estados miembros y los territorios franceses de ultramar.

CUESTIÓN

Un pasajero compra dos asientos preferentes en un vuelo que es cancelado si bien, al ser reubicado en otro vuelo no le conservan el servicio de asientos preferentes que había contratado con la compañía aérea, ¿tendrá derecho a una compensación por cambio de clase?

Para responder a la anterior pregunta traeremos a colación, a modo de ejemplo, la sentencia del Juzgado de lo Mercantil de Palma de Mallorca n.º 213/2018, de 11 de octubre, ECLI:ES:JMIB:2018:3353, en la que la parte demandante reclama una compensación por cambio de clase al cancelarse un vuelo en el que había pagado unos asientos prioritarios y, posteriormente, en el vuelo donde la reubicaron no le mantuvieron dicho servicio, la citada sentencia entiende:

«De todos es conocido que, por la propia configuración de los aviones, por la configuración que las compañías dan a las cabinas de pasaje, hay asientos que presentan unas características peculiares, tales como las salidas de emergencia, caracterizadas por un mayor espacio para el pasajero que ocupe dichos asientos.

Es precisamente esa singularidad la que conduce a las compañías a ofertas esos asientos a los clientes bajo las condiciones de pagar un suplemento. Pero sin que eso suponga un cambio en la clase escogida y pagada.

De esta forma, y sin perjuicio de lo que se dirá sobre el importe pagado para disfrutar de esos asientos, la compañía no incumplió con el contrato pactado, no modificó la clase en perjuicio de la pasajera, lo que supone que no quepa conceder lo solicitado».

Por lo tanto, no conservar por parte de la compañía aérea los asientos prioritarios contratados, si bien es cierto que se trata de un perjuicio relacionado con el transporte contratado, que debe compensarse condenando a la compañía aérea a devolver los importes abonados por los servicios no disfrutados.

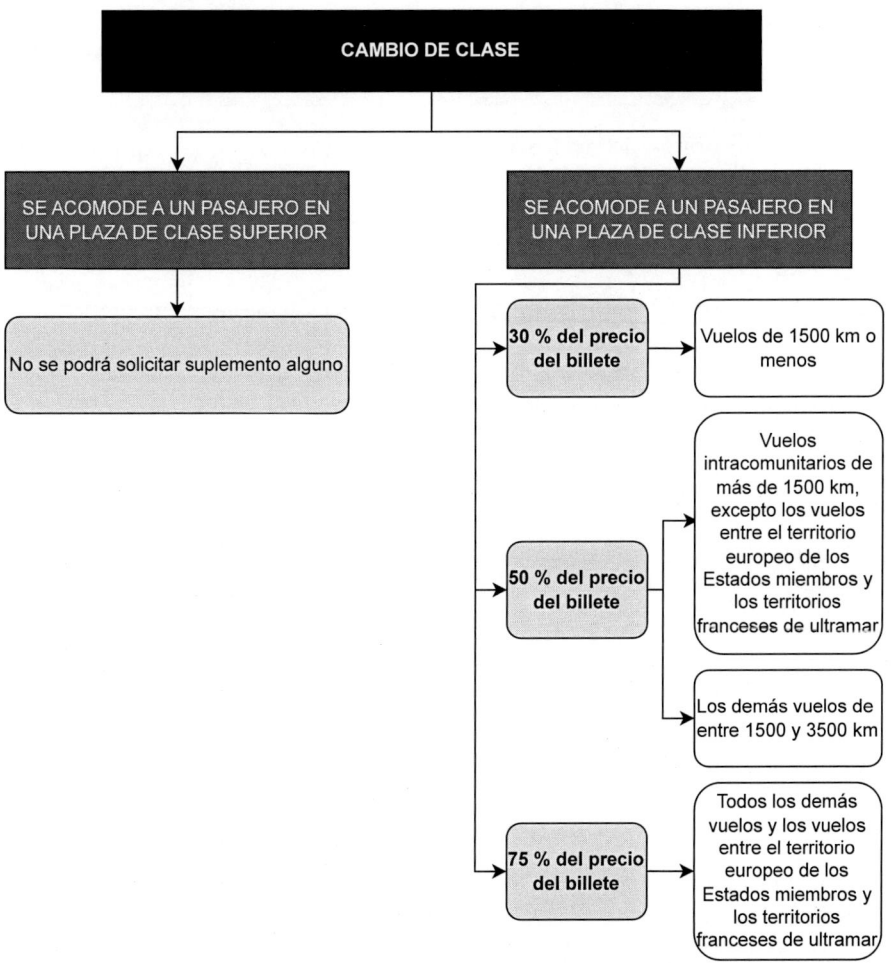

5.5. Reclamación por destrucción, pérdida y avería o retraso del equipaje

Las incidencias aéreas que se puedan plantear entre pasajero y compañía aérea y que no se hallen contempladas en el ámbito de aplicación de los Reglamentos (CE) n.º 261/2004 del Parlamento Europeo y del Consejo, de 11 de febrero de 2004, y n.º 1107/2006 del Parlamento Europeo y del Consejo, de 5 de julio de 2006, habrán de plantearse en los tribunales de justicia.

Una de esas incidencias son las relativas al equipaje, en este sentido, cabe tener en cuenta el Convenio de Montreal de 28 de mayo de 1999, en lo que se refiere a la destrucción, pérdida, avería o retraso del equipaje.

> **A TENER EN CUENTA.** En el ámbito nacional no cabe obviar la existencia de la Ley 48/1960, de 21 de julio, sobre Navegación Aérea y el Real Decreto 37/2001, de 19 de enero, por el que se actualiza la cuantía de las indemnizaciones por daños previstas en la citada ley.

¿Quién es responsable de los incidentes ocurridos con el equipaje? Por regla general, será responsable la compañía aérea, así el pasajero debe reclamar los daños causados en el equipaje a aquella.

> **CUESTIÓN**
>
> **¿A quién corresponde la responsabilidad en caso de transporte sucesivo?**
>
> Conforme al artículo 1.3 del Convenio de Montreal de 28 de mayo de 1999, «El transporte que deban efectuar varios transportistas sucesivamente constituirá, para los fines del presente Convenio, un solo transporte cuando las partes lo hayan considerado como una sola operación, tanto si ha sido objeto de un solo contrato como de una serie de contratos, y no perderá su carácter internacional por el hecho de que un solo contrato o una serie de contratos deban ejecutarse íntegramente en el territorio del mismo Estado».
>
> En relación con lo anterior, en caso de transporte sucesivo si se trata de equipaje, el pasajero o expedidor tendrá acción contra el primer transportista y el pasajero o destinatario con derecho a la entrega tendrá acción contra el último transportista, y ambos podrán proceder contra el transportista que haya efectuado el transporte durante el cual se produjo la destrucción, pérdida, avería o retraso. La responsabilidad de los transportistas será solidaria ante el pasajero o ante el expedidor o destinatario (art. 36 del Convenio de Montreal de 28 de mayo de 1999).

¿Cuáles son los casos de responsabilidad relacionados con el equipaje?

En primer lugar, el artículo 17.2 del Convenio de Montreal de 28 de mayo de 1999, hace referencia a la **responsabilidad por el daño causado en caso de destrucción, pérdida o avería**, distinguiendo entre:

– **Equipaje facturado**: el transportista será responsable por la única razón de que el hecho causante de la destrucción, pérdida o avería se haya producido a bordo de la aeronave o durante cualquier período en que el equipaje facturado se halle bajo la custodia del transportista. No responderá, sin embargo, cuando el daño se deba a la naturaleza, un defecto o vicio propio del equipaje.

– **Equipaje no facturado**: incluyendo aquí los objetos personales, la responsabilidad del transportista se prevé para los casos en que el daño se deba a su culpa o a la de sus dependientes o agentes.

Si el **transportista admite la pérdida del equipaje facturado o este no llega en el plazo de 21 días siguientes a la fecha en que debería haber llegado ¿qué sucede?** En estos supuestos el pasajero podrá hacer valer contra el transportista los derechos que surgen del contrato de transporte.

> **CUESTIÓN**
>
> **¿Qué se entiende por equipaje a estos efectos?**
>
> Salvo que otra cosa se establezca, el término «equipaje» en el Convenio de Montreal de 28 de mayo de 1999 se refiere tanto al equipaje facturado como al no facturado. En cuanto al primero de ellos señala el artículo 3.3 del Convenio de Montreal que «El transportista entregará al pasajero un talón de identificación de equipaje por cada bulto de equipaje facturado».

En segundo lugar, el artículo 19 del Convenio de Montreal de 28 de mayo de 1999 contempla la **responsabilidad del transportista por los daños ocasionados por retrasos en el transporte aéreo**. En este sentido, quedará exento de responsabilidad si prueba que se adoptaron todas las medidas razonablemente necesarias para evitar el daño o que les fue imposible adoptarlas.

¿Cómo se lleva a cabo la reclamación relativa al equipaje?

Producida cualquiera de las incidencias previstas en relación con el equipaje —destrucción, pérdida, avería, retraso— lo primero que hay que hacer es comunicárselo a la compañía aérea **¿cómo se hará esta comunicación?** Pues bien, habrá de hacerse de forma inmediata antes de abandonar el aeropuerto en los mostradores de la compañía aérea, en su defecto, se comunicará al agente *handling* o representante en el propio aeropuerto en los mostradores habilitados.

Hecha la comunicación de la incidencia, la compañía aérea o el agente citados emitirán un «parte de irregularidad de equipaje» (PIR) del que entregarán copia al pasajero afectado.

> **CUESTIÓN**
>
> **¿Cuál es la importancia del PIR?**
>
> El parte de irregularidad de equipaje —PIR— es el documento que a la hora de reclamar a la compañía aérea sirve para acreditar la incidencia ocurrida con el equipaje. En este sentido, es indispensable y muy importante rellenarlo antes de abandonar el aeropuerto, ya que, de lo contrario, será muy difícil demostrar los daños, retraso o pérdida del equipaje.

Cumplidos los trámites anteriores, el pasajero afectado debe presentar una reclamación formal a la compañía aérea por escrito y acompañando copia del PIR **¿cuál es el plazo para reclamar?** Los plazos para presentar la reclamación se infieren del Convenio de Montreal, si bien, es aconsejable realizar el trámite de forma inmediata, a continuación del PIR, sin agotar los plazos establecidos que serán:

- Daños en el equipaje: justo después de apreciar la avería o daño y a más tardar en el plazo de 7 días desde la recepción del equipaje.

- Retraso en el equipaje: a más tardar en el plazo de 21 días a partir de la fecha en que el equipaje sea puesto a disposición del pasajero.

- Pérdida del equipaje: no se prevé plazo específico, pero se recomienda que se haga la reclamación lo antes posible transcurrido el plazo de 21 días previsto para el retraso o desde que exista confirmación por la compañía de que se ha perdido.

En consonancia con lo anterior, el artículo 31 del Convenio de Montreal de 28 de mayo de 1999 establece que, a falta de la protesta oportuna, rige la presunción, salvo prueba en contrario, de que el equipaje ha sido entregado en buen estado y de conformidad con el documento de transporte.

A TENER EN CUENTA. En cuanto a los vuelos nacionales en España, la Ley 48/1960, de 21 de julio, de Navegación Aérea, en su artículo 124, se refiere a la reclamación previa a la compañía aérea en caso de avería o retraso del equipaje señalando que debe formalizarse por escrito en el plazo de los 10 días siguientes a la entrega o a la fecha en que debió entregarse. Añade que «La falta de esta reclamación previa impedirá el ejercicio de las acciones correspondientes».

¿Qué sucederá cuando con la reclamación a la compañía aérea no se solucione la incidencia? Pues, en este caso, habrá que acudir a los tribunales para solventar la discrepancia, ejercitando la acción correspondiente. El plazo para el ejercicio de esta acción será de dos años a contar desde la fecha de llegada a destino o desde el día en que debería haber llegado el equipaje (art. 35 del Convenio de Montreal).

> **CUESTIÓN**
>
> **¿Ante qué tribunales se presentará la acción?**
>
> Atendiendo al artículo 33.1 del Convenio de Montreal serán competentes, en caso de indemnización por daños, a elección del demandante, el tribunal del domicilio del transportista o de su oficina principal o el del lugar de destino.

Límites a la responsabilidad del transportista

En cuanto al transporte de equipaje, los límites a la responsabilidad del transportista se establecen en el artículo 22.2 del Convenio de Montreal. Este precepto, en los **casos de destrucción, pérdida, avería o retraso en el equipaje**, limita aquella responsabilidad a 1000 derechos especiales de giro por pasajero, si bien este límite debe ser objeto de revisión en los términos previstos en el artículo 24 del Convenio de Montreal. Pues bien, como consecuencia de ello, el límite de responsabilidad del transportista en el transporte de equipaje se fija en **1288 derechos especiales de giro por pasajero.**

> **A TENER EN CUENTA.** La responsabilidad por destrucción, pérdida, avería o retraso del equipaje limitada a 1.288 derechos especiales de giro (DEG) por pasajero (salvo declaración especial de valor), de acuerdo con la reforma operada a través de la Enmienda a los artículos 21 y 22 del Convenio para la unificación de ciertas reglas para el Transporte Aéreo Internacional, hecho en Montreal el 28 de mayo de 1999, publicada en el BOE el 16 de julio de 2020.

¿Existe alguna excepción a este límite? Sí, puede hablarse de dos. Así, conforme a la **sentencia de la Audiencia Provincial de Madrid n.º 568/2022, de 15 de julio, ECLI:ES:APM:2022:10743**, la limitación de responsabilidad no será aplicable cuando:

- El pasajero haya hecho al transportista, al tiempo de la entrega del equipaje facturado, una **declaración especial del valor de la entrega** de este en el lugar de destino, y haya pagado una **suma suplementaria**, si hay lugar a ello. En este caso, el transportista está obligado a pagar una suma que no excederá del importe de la declarada, a menos que pruebe que este importe es superior al valor real de la entrega en el lugar de destino para el pasajero (art. 22.2 del Convenio de Montreal).

- Se pruebe que el **daño es el resultado de una acción u omisión del transportista o de sus dependientes o agentes, con intención de causar daño, o con temeridad y sabiendo que probablemente causaría daño.** En el caso de una acción u omisión de un dependiente o agente ha de probarse también que este actuaba en el ejercicio de sus funciones (art. 22.5 del Convenio de Montreal).

Entonces **¿es posible establecer un límite superior diferente al previsto en el artículo 22.2 del Convenio de Montreal?** La respuesta ha de ser afirmativa. A estos efectos, el pasajero deberá entregar al transportista una declaración especial del valor de la entrega del equipaje en el lugar de destino, siendo la suma declarada el límite de la indemnización en esos supuestos. Resulta interesante en este punto la **sentencia de la Audiencia Provincial de Granada n.º 697/2022, de 17 de octubre, ECLI:ES:APGR:2022:1503**, conforme a la cual:

> «Para que el compañía aérea responda por la pérdida del equipaje por importe superior al límite fijado en el Convenio es necesario que el pasajero, al entregarle al transportista el equipaje facturado, hubiera efectuado una declaración especial del valor de la entrega del equipaje en el lugar de destino.
>
> Cuando se efectúa esa declaración especial de valor, la suma declarada se convierte en el límite de la indemnización -salvo que pruebe que este importe es superior al valor real de la entrega en el lugar de destino para el pasajero-, por ello, en caso de realizarse la declaración de valor el transportista tiene derecho a exigir una suma suplementaria.

(...)

El Convenio de Montreal es meridianamente claro sobre la necesidad de efectuar una especial declaración de valor para elevar el límite de la responsabilidad del transportista.

El pasajero, si quería que se incrementase la responsabilidad del transportista para el caso de deterioro del equipaje debió, al facturarlo, manifestar que quería realizar una declaración especial del valor de la entrega y resulta patente que no lo hizo.

La superación del límite indemnizatorio está ligada a esa declaración especial de valor y no al conocimiento por parte de la compañía aérea del contenido del equipaje facturado».

En la misma línea cabe citar la **sentencia de la Audiencia Provincial de Madrid n.º 419/2017, de 26 de septiembre, ECLI:ES:APM:2017:12204.** El caso en ella planteado se refiere a la pérdida de un equipaje que contenía dos armas, si bien es cierto que el demandante realiza todos los trámites pertinentes para facturar armas como equipaje y ello supone que la compañía aérea conoce ese hecho, realmente este trámite no puede confundirse con la declaración especial de valor exigida para incrementar el límite indemnizatorio. Así de la citada sentencia se infiere lo siguiente:

«El pasajero, si quería que se incrementase la responsabilidad del transportista para el caso de pérdida del equipaje debió, al facturarlo, manifestar que quería realizar una declaración especial del valor de la entrega y resulta patente que no lo hizo.

La superación del límite indemnizatorio está ligada a esa declaración especial de valor y no al conocimiento por parte de la compañía aérea del contenido del equipaje facturado».

CUESTIÓN

¿Comprende la indemnización prevista para el caso de destrucción, pérdida, avería o retraso en el transporte de equipaje todos los daños?

Sí, en relación con el límite indemnizatorio previsto en el artículo 22.2 del Convenio de Montreal para estos casos declara la sentencia del Tribunal de Justicia de la Unión Europea n.º C-63/09, de 6 de mayo de 2010, ECLI:EU:C:2010:251, que aquel comprende todos los daños que pueda haber sufrido el perjudicado sin distinción alguna, esto significa que incluye tanto los daños materiales como los morales. Con referencia a lo anterior, la sentencia de la Audiencia Provincial de Madrid n.º 419/2017, de 26 de septiembre, ECLI:ES:APM:2017:12204, señala:

«El límite indemnizatorio fijado en el convenio comprende todos los daños que pueda haber sufrido el perjudicado sin distinción alguna. En consecuencia, dicho límite comprende tanto los daños materiales como los morales (sentencia del Tribunal de Justicia de 6 de mayo de 2010, asunto C-63/09, Walz- Cilckair), sin que pueda concederse una indemnización mayor por todos los conceptos salvo que el perjudicado pruebe que el daño es el resultado de una acción u omisión del transportista o de sus dependientes o agentes, con intención de causar daño, o con temeridad y sabiendo que probablemente causaría daño (artículo 22.5 del Convenio de Montreal)».

A TENER EN CUENTA. En caso de vuelos nacionales, respecto de los límites de responsabilidad, cabe destacar el artículo 3 del Real Decreto 37/2001, de 19 de enero, por el que se actualiza la cuantía de las indemnizaciones por daños previstas en la Ley 48/1960, de 21 de julio, de Navegación Aérea y, en relación con él, el artículo 118 de la Ley de Navegación Aérea, de los que resultan los siguientes límites:

- Pérdida o avería de equipaje, facturado o de mano: hasta 500 derechos especiales de giro por unidad.

- Retraso en la entrega del equipaje facturado: hasta el límite de una cantidad equivalente al precio del transporte.

Expuestos los límites a la responsabilidad del transportista resta determinar si, a la vista de aquellos, la indemnización correspondiente en caso de destrucción, pérdida, avería o retraso del equipaje ha de ser siempre aquella cantidad. Para resolver esta duda es interesante la **sentencia del Tribunal de Justicia de la Unión Europea n.° C-86/19, de 9 de julio de 2020, ECLI:EU-:C:2020:538,** que concluye:

«1) El artículo 17, apartado 2, del Convenio para la Unificación de Ciertas Reglas para el Transporte Aéreo Internacional, celebrado en Montreal el 28 de mayo de 1999, firmado por la Comunidad Europea el 9 de diciembre de 1999 y aprobado en nombre de esta mediante la Decisión 2001/539/CE del Consejo, de 5 de abril de 2001, en relación con el artículo 22, apartado 2, del mismo Convenio, debe interpretarse en el sentido de que la **cantidad prevista** en esta última disposición en concepto de límite de responsabilidad del transportista aéreo en caso de destrucción, pérdida, avería o retraso del equipaje facturado, sin que medie declaración especial del valor de la entrega de este en el lugar de destino, **constituye una indemnización máxima que no corresponde ipso iure y a tanto alzado al pasajero afectado. En consecuencia, incumbe al juez nacional determinar, dentro de ese límite, el importe de la indemnización adeudada al pasajero atendiendo a las circunstancias del caso concreto.**

2) El artículo 17, apartado 2, del Convenio de Montreal, en relación con el artículo 22, apartado 2, del mismo Convenio, debe interpretarse en el sentido de que el importe de la indemnización adeudada a un pasajero cuyo equipaje facturado, sin que medie declaración especial del valor de la entrega de este en el lugar de destino, haya sido objeto de destrucción, pérdida, avería o retraso **ha de ser determinado por el juez nacional con arreglo a la normativa nacional aplicable, particularmente en materia de prueba. No obstante, esa normativa no debe ser menos favorable que la aplicable a recursos similares de Derecho interno ni estar articulada de manera que haga en la práctica imposible o excesivamente difícil el ejercicio de los derechos conferidos por el Convenio de Montreal**».

5.6. Reclamación por huelga de compañía aérea o en aeropuerto

En relación con estas reclamaciones, debemos analizar si **una huelga es una circunstancia extraordinaria.**

Así, el considerando 14 del Reglamento (CE) n.º 261/2004 del Parlamento Europeo y del Consejo, de 11 de febrero de 2004 reza:

> «Del mismo modo que en el marco del Convenio de Montreal, las obligaciones de los transportistas aéreos encargados de efectuar un vuelo se deben limitar o excluir cuando un suceso haya sido causado por circunstancias extraordinarias que no hubieran podido evitarse incluso si se hubieran tomado todas las medidas razonables. Dichas circunstancias pueden producirse, en particular, en casos de inestabilidad política, condiciones meteorológicas incompatibles con la realización del vuelo, riesgos para la seguridad, deficiencias inesperadas en la seguridad del vuelo y **huelgas que afecten a las operaciones de un transportista aéreo encargado de efectuar un vuelo**».

Si bien, pese a esa mención en el preámbulo del citado Reglamento **no significa que las huelgas sean de manera automática circunstancias exoneratorias de la obligación de compensar** a los pasajeros por parte de las compañías aéreas, será necesario que se incardinen en el concepto de circunstancias extraordinarias previsto en el artículo 5.3 del Reglamento (CE) n.º 261/2004 del Parlamento Europeo y del Consejo, de 11 de febrero de 2004.

Pero ¿cómo ha de interpretarse el concepto de circunstancias extraordinarias previsto? Según la jurisprudencia europea (STJUE n.º C-613/20, de 6 de octubre de 2021, ECLI:EU:C:2021:820, y STJUE n.º C-28/20, de 23 de marzo de 2021, ECLI:EU:C:2021:226, entre otras), el concepto de circunstancias extraordinarias debe ser interpretado en sentido estricto, de modo que hace referencia a acontecimientos que reúnan, atendiendo a cada caso concreto, de forma acumulativa, los siguientes requisitos:

– Que la huelga no sea, por su naturaleza o su origen, inherente al ejercicio normal de la actividad de la compañía aérea afectada.

– Que escape al control efectivo del transportista en cuestión.

– El **personal interno** de la plantilla de la aerolínea.

– **Terceros ajenos** a la plantilla de la aerolínea.

Huelga por el personal interno de la plantilla de la aerolínea

El **artículo 1903 del Código Civil** en su párrafo quinto, en relación con la obligación de reparar el daño causado por culpa o negligencia, señala:

«Lo son igualmente los dueños o directores de un establecimiento o empresa respecto de los perjuicios causados por sus dependientes en el servicio de los ramos en que los tuvieran empleados, o con ocasión de sus funciones».

Por lo tanto, se puede deducir del anterior precepto que la aerolínea será responsable frente a los pasajeros de las huelgas realizadas por su plantilla, es decir, en los siguientes supuestos:

- Huelgas de **personal de vuelo** como tripulantes de cabina y pilotos.
- Huelgas del **personal de tierra** o *handling*.
- Huelgas del **personal de comercio o administrativo**.

Asimismo, deben incluirse las huelgas que son, no del personal de la compañía aérea, si no de otro sector con el que tienen un acuerdo laboral (caso de la huelga de 2019 del personal de tierra de Iberia que afectó a todos los vuelos del Grupo IAG con los que tiene acuerdos de colaboración).

La cuestión principal que se debe analizar en este caso es **si las huelgas llevadas a cabo por el personal de una aerolínea pueden considerarse circunstancias extraordinarias** y por tanto exoneratorias de responsabilidad para la compañía aérea.

En este sentido resulta interesante la **sentencia del Tribunal de Justicia de la Unión Europea n.º C-195/17, C-197/17, C-203/17, C-226/17, C-228/17, C-254/17, C-274/17, C-275/17, C-278/17, C-286/17, C-290/17, C-292/17, de 17 de abril de 2018, ECLI:EU:C:2018:258**, en la que se plantea un caso de «huelga salvaje» por ausencia espontánea de una parte importante del personal de navegación. **¿Qué se entiende por «huelga salvaje»?** Es aquella que se produce bruscamente o por sorpresa sin cumplir los requisitos legales, como puede ser el plazo de preaviso de la misma.

Pues bien, el TJUE ha sido muy estricto en lo tocante a la responsabilidad de las aerolíneas por las huelgas que lleven a cabo sus trabajadores y causen un retraso o una cancelación, independientemente de que la huelga se considere legal o ilegal con arreglo a la legislación de cada Estado miembro. Así advierte la citada sentencia:

«47 En efecto, **distinguir, sobre la base del Derecho nacional aplicable, las huelgas consideradas legales de las ilegales para determinar si una huelga debe ser calificada de "circunstancias extraordinarias"**, en el sentido del artículo 5, apartado 3, del Reglamento n.o 261/2004, **valdría tanto como hacer depender el derecho de los pasajeros a la compensación de la legislación laboral vigente en cada Estado miembro**, con el consiguiente menoscabo de los objetivos del Reglamento n.o 261/2004, enunciados en sus considerandos 1 y 4, de garantizar un elevado nivel de protección de los pasajeros y el desarrollo de las actividades del transportista aéreo en condiciones armonizadas en el territorio de la Unión.

48 Por cuanto antecede, procede responder a las dos primeras cuestiones prejudiciales en los asuntos C 195/17, C 197/17 a C 203/17, C 226/17, C 228/17, C 274/17, C 275/17, C 278/17 a C 286/17, C 290/17 y C 291/17, así como a las cuestiones prejudiciales en el asunto C 292/17, que el artículo 5, apartado 3, del Reglamento n.o 261/2004 debe interpretarse, a

la luz del considerando 14 de este, en el sentido de que **la ausencia espontánea de una parte importante del personal de navegación ("huelga salvaje")** como la acaecida en los asuntos principales, que tuvo su origen en el anuncio sorpresivo por un transportista aéreo encargado de efectuar un vuelo de una reestructuración de la empresa, a raíz de una iniciativa promovida no por los representantes de los trabajadores de la empresa sino espontáneamente por los mismos trabajadores, que pasaron a situación de baja por enfermedad, **no está comprendida en el concepto de "circunstancias extraordinarias" en el sentido de dicha disposición»**.

En este caso, se consideraba que los conflictos derivados de la reestructuración de la empresa forman parte de la actividad normal de la compañía aérea por lo que no se cumple uno de los requisitos acumulativos necesarios para apreciar el carácter extraordinario de las circunstancias de la huelga.

Asimismo, cabe citar los hechos que tuvieron lugar el 28 de julio de 2006 cuando, como consecuencia de una huelga no convocada de los trabajadores de los servicios de asistencia de tierra de Iberia, se suspendieron las actividades del aeropuerto de Barcelona, al invadir estos las pistas de despegue y aterrizaje, afectando además de a Iberia a las demás compañías que operaban en dicho aeropuerto.

En este caso la Audiencia Provincial de Barcelona en sus sentencias n.º 290/2009, de 7 de septiembre, ECLI:ES:APB:2009:10717 y n.º 293/2009, de 8 de septiembre, ECLI:ES:APB:2009:9268, calificaron este bloqueo del funcionamiento del aeropuerto como «imprevisto, sorpresivo e ilegal». Por lo que, las conclusiones a las que llegó la citada audiencia es que dicho suceso fue extraordinario, imprevisible y de fuerza mayor:

«(...) Este excepcional alcance de este bloqueo de las pistas del aeropuerto, imprevisto, sorpresivo e ilegal, fue reconocido al respecto por la Resolución de 1 de septiembre de 2006 de la Dirección General de Aviación Civil, BOE de 6 de septiembre, y en la que siguiendo el Acuerdo del Consejo de Ministros se adoptaron medidas "extraordinarias para facilitar el ejercicio de los derechos y acciones que pudieran ostentar los pasajeros" y ello ante "los sucesos excepcionales derivados de la invasión de las pistas" que "causaron graves perjuicios al funcionamiento del aeropuerto de Barcelona y también a un gran número de pasajeros". Así, si bien el conflicto laboral que la compañía IBERIA mantenía con el personal de servicio de tierra fue seguramente el marco en el cual se produjeron los referidos hechos del 28 de julio de 2006, la situación imprevista de bloqueo de todas las pistas del aeropuerto de Barcelona, con la completa paralización de las operaciones no sólo de IBERIA sino de todas las compañías, no puede sino calificarse como un supuesto extraordinario, imprevisible, de fuerza mayor, de los previstos en el art. 5.3 del Reglamento 261/2004 y art. 1105 C.C. tal y como certeramente apreció la sentencia de primera instancia».

Si bien, la **SAP n.º 293/2009, de 8 de septiembre, ECLI:ES:APB:2009:9268**, argumenta que la referida exoneración no libera al transportista de los derechos de reembolso y atención a los pasajeros con independencia de cual haya sido la causa que motive la cancelación, sin preverse causa de exoneración alguna:

«Por tanto, la **exoneración de la responsabilidad del transportista aéreo en el caso de concurrencia de fuerza mayor o circunstancias extraordinarias no alcanzará en ningún caso al reembolso del transporte contratado o precio del billete** (art. 8 Reglamento 261/2004 y art. 94 Ley 48/1960). Reembolso o precio que no consta que se reclame por la parte actora a la vista de su demanda y lo concedido en la sentencia recurrida».

A *sensu contrario*, se pronuncia la **Audiencia Provincial de Albacete en su sentencia n.º 184/2010, de 30 de julio, ECLI:ES:APAB:2010:1021**, en la que se enjuicia un supuesto de denegación de embarque a los pasajeros de un vuelo de IBERIA como consecuencia de una huelga no convocada del personal de tierra de dicha compañía aérea. En este caso no se aprecia la concurrencia de circunstancia extraordinaria entre tanto no resulta acreditado que se hayan adoptado las medidas oportunas y razonables para evitar las consecuencias de la huelga o cuando menos paliarlas. Así señala la audiencia:

«(…) Lo cierto es que haciendo abstracción de cuales fueron o pudieron haber desencadenado el conflicto laboral entre la empresa y sus trabajadores y las especiales circunstancias que originaron su posterior manifestación en cuanto que los trabajadores ocuparon alguna de las pistas, a la **empresa corresponde acreditar que se adoptaron la medidas oportunas cuanto menos para paliar las ulteriores consecuencias del conflicto sin que se haya determinado en que modo se trató de evitar o impedir la situación creada** que se prolongó hasta el punto de impedir el vuelo que supuso un evidente perjuicio a los viajeros y en este caso en concreto a los actores; por lo que resulta correcto conforme se establece en la resolución recurrida que estos sean resarcidos por los perjuicios causaron que sufrieron conforme a la normativa que establece la compensación reglamentada para estos casos de cancelación o retraso de vuelos».

Así pues, como supuesto en que la compañía aérea prueba la concurrencia de las circunstancias extraordinarias que la exoneran de responsabilidad podemos citar la **sentencia del Juzgado de lo Mercantil de Madrid n.º 3814/2023, de 26 de septiembre, ECLI:ES:JMM:2023:3265**, conforme a la cual:

«(...) la demandada ha acreditado que la **huelga fue repentina y que tomó todas las medidas razonables para evitar sus consecuencias.**
(...)
La valoración de la documentación aportada por la demandada nos conduce a apreciar que la misma ha cumplido satisfactoriamente la carga de probar las circunstancias extraordinarias que no podrían haberse evitado aunque se hubieran adoptado todas las medidas razonables. En efecto, la cancelación se produjo como consecuencia de la huelga de personal de handling, ajena a Vueling, que fue intempestiva, y por tanto sus **consecuencias no pudieron evitarse aunque se hubieran adoptado todas las medidas razonables.**

Por lo expuesto, procede la desestimación de la demanda en este punto y la **exoneración de la compañía aérea del pago de cualquier indemnización por este concepto**».

Pero ¿qué ocurre cuándo la huelga se realiza con preaviso? Cabe citar, para responder a la cuestión, la **sentencia del Tribunal de Justicia de la Unión Europea n.° C-28/20, de 23 de marzo de 2021, ECLI:EU:C:2021:226**, en la que una aerolínea tiene que cancelar sus vuelos como consecuencia de una huelga de pilotos debidamente convocada por el sindicato de estos con el fin de reivindicar mejores condiciones laborales.

En este caso **¿se puede considerar la citada huelga como una circunstancia extraordinaria?** El TJUE contestó lo siguiente:

> «28 (...) la huelga es una de las posibles expresiones de la negociación colectiva y, por tanto, **debe entenderse como un acontecimiento inherente al ejercicio normal de la actividad del empresario afectado**, con independencia de las particularidades del mercado laboral de que se trate o de la legislación nacional aplicable en lo que respecta a la aplicación de este derecho fundamental.
>
> (...)
>
> 33 Por otra parte, el Tribunal de Justicia ya ha declarado que una huelga precedida del preaviso exigido por la legislación nacional aplicable y en relación con la cual se indica que podría extenderse a sectores que afectan a las actividades de una empresa contra la que en principio no se convocaba **esa huelga no constituye un acontecimiento anormal e imprevisible** (sentencia de 7 de mayo de 1991, Organisationen Danske Slagterier, C-338/89, EU:C:1991:192, apartado 18).
>
> (...)
>
> 45 No obstante, **si esa huelga tiene su origen en reivindicaciones que solo pueden satisfacer los poderes públicos y que, por tanto, escapan al control efectivo del transportista aéreo afectado, puede constituir una "circunstancia extraordinaria"** (...)».

Concluye, finalmente:

> «El artículo 5, apartado 3, del Reglamento (CE) n.o 261/2004 del Parlamento Europeo y del Consejo, de 11 de febrero de 2004, por el que se establecen normas comunes sobre compensación y asistencia a los pasajeros aéreos en caso de denegación de embarque y de cancelación o gran retraso de los vuelos, y se deroga el Reglamento (CEE) n.o 295/91, debe interpretarse en el sentido de que **un movimiento de huelga iniciado por un sindicato del personal de un transportista aéreo encargado de efectuar un vuelo, cumpliendo los requisitos establecidos por la legislación nacional, en particular el plazo de preaviso impuesto por esta, dirigido a hacer valer las reivindicaciones de los trabajadores de dicho transportista y seguido por una categoría de personal cuya presencia es indispensable para operar un vuelo, no está comprendido en el concepto de "circunstancia extraordinaria"**, en el sentido de esta disposición».

Por lo que, de la jurisprudencia del TJUE se desprende que un suceso imprevisto no tiene que ser necesariamente calificado de circunstancia extraordinaria, sino que cabe la posibilidad de considerar que tal incidente es inherente al ejercicio normal de la actividad del transportista aéreo en cuestión.

En este sentido cabe traer a colación la **sentencia del Juzgado de lo Mercantil de Girona n.º 125/2021, de 28 de enero, ECLI:ES:JMGI:2021:228**, que concluye lo siguiente:

> «En el presente caso, la prueba aportada por la demandada se antoja insuficiente a los efectos de exonerarla de responsabilidad, esencialmente por dos motivos; a saber, que en la **medida en que la huelga se prolongó los días indicados en la contestación a la demanda, no concurre prueba bastante de que la compañía aérea efectuara un pronóstico o planificación del estado de cada uno de los vuelos programados, permitiendo al consumidor conocer con suficiente antelación las posibilidades de reprogramar su vuelo en caso de ser afectado.** Antes al contrario, la compañía aérea pretende repercutir al consumidor un pretendido desistimiento del contrato de transporte, por optar por un vuelo alternativo distinto al ofrecido, prescindiendo de cualquier argumentación acerca de los motivos que condujeron a los pasajeros a dicha decisión. No consta el total de vuelos programados y operados, el total de vuelos cancelados, ni en qué medida Ryanair agotó la diligencia debida para minimizar el perjuicio».

También es interesante en el presente contexto lo dispuesto en la **sentencia del Juzgado de lo Mercantil de Badajoz n.º 68/2020, de 8 de junio, ECLI:ES:JMBA:2020:1650**:

> «En el caso que nos ocupa, dado que se trata de una huelga de tripulación por las condiciones laborales impuestas por la demandada, no de una huelga de terceros ajenos a ésta, como en el caso de controladores, considero que no estamos ante una circunstancia extraordinaria exoneradora, pues podía haber evitado la misma negociando con los sindicatos, y desde luego, debía conocer la posibilidad de la huelga mucho antes de su declaración adoptando medidas para evitar sus consecuencias, no habiendo ni siquiera preavisado la cancelación con suficiente antelación».

En definitiva, no todo retraso o cancelación que sea consecuencia de una huelga del personal de la línea aérea afectada determina la exclusión de responsabilidad de esta, corresponderá a la compañía aérea evitar la cancelación tomando todas las medidas razonables. Es decir, la exclusión de responsabilidad por huelga del personal de la compañía aérea requiere que esta pruebe que adoptó todas las medidas razonables para evitarla (**sentencia del Juzgado de lo Mercantil de Barcelona n.º 80/2023, de 18 de septiembre, ECLI:ES:JMB:2023:3495**).

Huelga por el personal externo/ajeno de la plantilla de la aerolínea

Las huelgas de personal externo a las compañías aéreas pueden ser, entre otras:

- Huelga de controladores.
- Huelga general de un país que afecte a la operativa del aeropuerto.
- Huelga del personal del aeropuerto ajeno a la aerolínea.

Los perjuicios derivados de estas huelgas no dependen de la aerolínea por lo que no le pueden ser imputados. Estas huelgas se consideran circunstancias extraordinarias, ya que son situaciones de fuerza mayor, que excusan a la aerolínea de la obligación de compensar por cancelaciones, grandes retrasos o denegación de embarque.

Por lo que se refiere a las huelgas de controladores aéreos se puede traer a colación el caso de «huelga salvaje» en el que se aprecia la **concurrencia de fuerza mayor** a la hora de determinar responsabilidades previsto en la **sentencia de la Audiencia Nacional, rec. 35/2013, de 10 de julio, ECLI:ES:AN:2013:3562.** Esta sentencia se dicta en relación con la **huelga de controladores aéreos de 2010 que llevó al cierre del espacio aéreo español por abandono masivo de sus puestos de trabajo** por parte de aquellos con la consiguiente cancelación de vuelos programados. En este supuesto se pretendía que fuese AENA la que asumiese las indemnizaciones correspondientes, si bien se le ha exonerado de responsabilidad por cuanto se entiende que existe fuerza mayor.

> «(...) el cierre del espacio aéreo español no trajo causa de un fenómeno natural, como el descrito en la sentencia del TJUE de 31 de enero de 2013, sino de una conducta, la de los controladores aéreos, premeditada, voluntaria, colectiva, simultánea y extramuros de la prestación de servicio, que trajo como consecuencia, como no podía ser de otra manera, la adopción de medidas encaminadas a salvaguardar la seguridad de las personas y las cosas. **La Administración se encontró ante una situación extraordinaria consistente en el abandono masivo de sus puestos de trabajo, sin previo aviso y fuera de los cauces legales, de los controladores aéreos,** haciendo imposible el desarrollo de la navegación aérea y poniendo en peligro, repetimos, la seguridad de las personas y las cosas.
>
> No es preciso insistir en la clara ruptura del nexo causal entre la actividad de la Administración y el daño alegado, lo que impide estimar la existencia de un título de imputación, fenómeno jurídico "consistente en la atribución a un sujeto determinado del deber de reparar un daño, en base a la relación existente entre aquél y éste"».

En este contexto, cabe traer a colación la ya citada **sentencia del Tribunal de Justicia de la Unión Europea n.º C-28/20, de 23 de marzo de 2021, ECLI:EU:C:2021:226:**

> «42 Así, al indicar, en el considerando 14 del Reglamento n.o 261/2004, que pueden producirse circunstancias extraordinarias, en particular, en caso de huelgas que afecten a las operaciones de un transportista aéreo encargado de efectuar un vuelo, el legislador de la Unión quiso hacer referencia a huelgas externas a la actividad del transportista aéreo afectado. De ello se desprende que pueden constituir "circunstancias extraordinarias", en el sentido del artículo 5, apartado 3, de dicho Reglamento, movimientos de huelga seguidos por los controladores aéreos o el personal de un aeropuerto (véase, en este sentido, la sentencia de 4 de octubre de 2012, Finnair, C-22/11, EU:C:2012:604)».

Si bien, para quedar exonerada de la compensación, la compañía aérea también debe demostrar que adoptó todas las medidas necesarias para evitar la cancelación del vuelo, ya sea mediante previsión de una reserva de tiempo suficiente para ofrecer alternativas de vuelos comparables a la del vuelo cancelado, o justificando que se tomaron medidas razonables para evitar la convocatoria de la huelga.

En este sentido la **sentencia del TJUE n.º C-294/10, de 12 de mayo de 2011, ECLI:EU:C:2011:303**, reza como sigue:

> «(...) no todas las circunstancias extraordinarias tienen carácter exoneratorio, **incumbe a quien pretenda invocarlas demostrar, además, que en cualquier caso habría sido imposible evitarlas con medidas adaptadas a la situación, es decir, con medidas que respondan, en particular, a unas condiciones técnica y económicamente soportables para el transportista aéreo de que se trate**, en el momento de producirse las circunstancias extraordinarias. En efecto, como precisó el Tribunal de Justicia en el apartado 41 de la misma sentencia, **dicho transportista debe demostrar que, incluso utilizando todo el personal o el material y los medios financieros de que disponía, le habría resultado manifiestamente imposible evitar que las circunstancias extraordinarias con las que se vio enfrentado provocaran la cancelación del vuelo,** salvo a costa de aceptar sacrificios insoportables para las capacidades de su empresa en aquel momento».

A título de ejemplo podemos citar la **sentencia de la Audiencia Provincial de Sevilla n.º 65/2024, de 1 de febrero, ECLI:ES:APSE:2024:305**, en la que no se considera circunstancia extraordinaria la huelga de los controladores aéreos franceses como exoneratoria de responsabilidad por la cancelación del vuelo y ello porque no se ha acreditado que este hecho traiga causa en la citada huelga.

A *sensu contrario*, la **sentencia del Juzgado de lo Mercantil de Madrid n.º 3725/2023, de 15 de septiembre, ECLI:ES:JMM:2023:4873**, sí considera dicha huelga como circunstancia extraordinaria que permite excluir la responsabilidad de la compañía aérea.

Para terminar, la **sentencia de la Audiencia Provincial de Madrid n.º 413/2017, de 21 de septiembre, ECLI:ES:APM:2017:16072**, en un caso de huelga de controladores aéreos estima que la misma constituye una circunstancia extraordinaria y por ello exonera de responsabilidad a la compañía aérea. Así declara la concurrencia de los elementos necesarios para ello al señalar:

> «(10).- De los elementos fácticos antes expuestos, debe entenderse que en este caso **sí concurren elementos para apreciar la presencia de una circunstancia extraordinaria exoneradora de la responsabilidad del transportista.** Son los siguientes:
> (i).- Se trata de una **huelga de controladores aéreos**, que por tanto no dependen de la propia compañía transportista, sino que son ajenos a ella. Por tanto, se trata de un conflicto cuya gestión y prevención de efectos no está en sus manos.

(ii).- La **incidencia no estaba programada en absoluto**, no se trataba de un paro formalmente convocado semanas o días antes, sino que surgió de **modo sorpresivo e inmediato**, al no presentarse esa mañana en su puesto de trabajo un tercio de los controladores aéreos. Ello evita que la cía. transportista pudiera reprogramar sus vuelos o reorganizar con cierto tiempo sus operaciones.

(iii).- Existió una **afectación generalizada de operaciones aeroportuarias**, con un elevado número de cancelaciones de vuelos, y no estaba referida exclusivamente a la cía. demandada.

(iv).- Ello no **afectaba** solo a una zona del viaje en tránsito o a un aeropuerto de escala, sino **directa y exclusivamente al aeropuerto de terminación del vuelo**, de forma que era prácticamente imposible buscar u ofrecer una trayecto alternativo, ya que igualmente hubiera tenido que finalizar en ese aeropuerto afectado.

(v).- No consta la existencia de aeropuertos próximos al de terminación desde los que operar el vuelo».

5.7. Reclamación por problemas técnicos o averías en los aviones

El considerando 14 del Reglamento (CE) n.º 261/2004, de 11 de febrero de 2004, reza:

> «Del mismo modo que en el marco del Convenio de Montreal, las obligaciones de los transportistas aéreos encargados de efectuar un vuelo se deben limitar o excluir cuando un suceso haya sido causado por circunstancias extraordinarias que no hubieran podido evitarse incluso si se hubieran tomado todas las medidas razonables. Dichas circunstancias pueden producirse, en particular, en casos de inestabilidad política, condiciones meteorológicas incompatibles con la realización del vuelo, riesgos para la seguridad, **deficiencias inesperadas en la seguridad del vuelo** y huelgas que afecten a las operaciones de un transportista aéreo encargado de efectuar un vuelo».

Si bien, pese a que el referido considerando ha incluido «deficiencias inesperadas en la seguridad del vuelo» y que un problema técnico o una avería surgidos en una aeronave puede considerase una de esas deficiencias, las circunstancias que acompañan a dicho acontecimiento sólo podrán calificarse de «extraordinarias» en el sentido del artículo 5.3 del Reglamento (CE) n.º 261/2004, de 11 de febrero de 2004, **cuando correspondan a un acontecimiento que, al igual que los que se enumeran en el considerando 14 de dicho Reglamento, no sea inherente al ejercicio normal de la actividad del transportista aéreo de que se trate y escape al control efectivo de dicho transportista a causa de su naturaleza o de su origen** (sentencia del TJUE n.º C-549/07, de 22 de diciembre de 2008, ECLI:EU:C:2008:771).

Por lo que, y a la vista de lo señalado, la mayor parte de la jurisprudencia entiende que los fallos técnicos o averías de la aeronave no constituyen circunstancias extraordinarias. Es decir, no se considera circunstancia extraordinaria un problema técnico surgido en una aeronave que provoque la cancelación de un vuelo, a menos que dicho problema derive de acontecimientos que, por su naturaleza o por su origen, no sean inherentes al ejercicio normal de la actividad del transportista aéreo de que se trate y escapen al control efectivo del transportista.

No obstante, en algunas ocasiones los tribunales sí consideran exonerada a la compañía aérea de su obligación de compensación y, así, podemos citar, a modo de ejemplo, la **sentencia del TJUE n.º C-501/17, de 4 de abril de 2019, ECLI:EU:C:2019:288**, en la que se analiza la exoneración a la compensación de una compañía aérea por el retraso de un vuelo a causa del fallo de un neumático como consecuencia de un cuerpo extraño en la pista de despegue, y que establece lo siguiente:

> «Para saber si el daño causado a los neumáticos de una aeronave, que son elementos indispensables para el funcionamiento de esta, puede considerarse una "circunstancia extraordinaria" en el sentido del artículo 5, apartado 3, del Reglamento n.o 261/2004, debe observarse ante todo que la deficiencia prematura, incluso imprevista, de algunas piezas de una aeronave constituye en principio un acontecimiento intrínsecamente ligado al sistema de funcionamiento del aparato (...).
>
> (...)
>
> A este respecto, es manifiesto que **los neumáticos de las aeronaves son elementos que están sujetos a presiones extremas durante los despegues y los aterrizajes y, por ello, están expuestos permanentemente al riesgo de sufrir daños**, lo que justifica que se sometan con regularidad a controles de seguridad particularmente estrictos, que están incluidos en las condiciones corrientes de explotación de las compañías de transporte aéreo.
>
> Dicho esto, **cuando la deficiencia de que se trate tiene su origen exclusivamente en la colisión con un cuerpo extraño, extremo este que corresponde probar al transportista aéreo, tal deficiencia no puede considerarse intrínsecamente ligada al sistema de funcionamiento del aparato.**
>
> Este es el caso, en particular, del daño causado a una aeronave por la colisión entre dicha aeronave y un ave (sentencia de 4 de mayo de 2017, Pešková y Peška, C-315/15, EU:C:2017:342, apartado 24) y, como en el litigio principal, del daño causado a un neumático por un cuerpo extraño, como un residuo móvil, que se halle en la pista del aeropuerto.
>
> Por lo tanto, la deficiencia de un neumático que tiene su origen exclusivamente en la colisión con un cuerpo extraño que se halle en la pista del aeropuerto no puede considerarse inherente, por su naturaleza o su origen, al ejercicio normal de la actividad del transportista aéreo de que se trate. Además, habida cuenta de las especiales restricciones a las que está sometido el transportista aéreo durante las operaciones de despegue y aterrizaje, relativas en particular a la velocidad con la que se realizan dichas operaciones y al imperativo de seguridad de los pasajeros que se

encuentran a bordo, y del hecho de que el mantenimiento de las pistas no es en modo alguno competencia de este, dicha circunstancia escapa a su control efectivo.

En consecuencia, tal deficiencia debe considerarse una "circunstancia extraordinaria" en el sentido del artículo 5, apartado 3, del Reglamento n.o 261/2004».

Otro ejemplo de circunstancia extraordinaria de exención y que escapa al control de la aerolínea es un fallo o una avería en el radar de la torre de control, si bien, este fallo técnico o avería no lo es realmente de la aeronave, puede producir retrasos y cancelaciones de vuelos. Así, la **sentencia del Juzgado de lo Mercantil de Palma de Mallorca n.º 94/2020, de 28 de febrero, ECLI:ES:JMIB:2020:376**, señala:

> **«La existencia de un fallo en el sistema de radar de la torre de control del aeropuerto como suceso inesperado y fuera de control de la aerolínea sí podría ser una causa extraordinaria de exención de responsabilidad en los términos previstos en el artículo 5.3 del Reglamento.** Pero necesita prueba. Y dicha prueba no ha existido en este procedimiento, puesto que una avería de la trascendencia de un fallo de radar sólo se ha referido en un informe de una empresa de handling del aeropuerto, el cual, además, sólo pretende certificar un retraso de dos horas. Es sorprendente que no se incorpore ningún documento emitido por la propia autoridad aeroportuaria confirmando la avería, o un listado de más aviones afectados, lo cual no es el caso. En consecuencia, no ha lugar a acoger el motivo de exoneración invocado, lo que determina que deba estimarse la reclamación de la compensación establecida en el Reglamento 261/2004, 250 euros por pasajero para un total de 750 euros».

Pues bien, teniendo en cuenta la jurisprudencia europea expuesta resulta interesante lo declarado en la **sentencia del Juzgado de lo Mercantil n.º 3267/2023, de 14 de julio, ECLI:ES:JMM:2023:3960**, cuando dice:

> «Conforme a las alegaciones y la prueba aducida por la demandada, la **causa del retraso fue por dicho motivo o incidencia consistente en avería**, no cabe estimar la excepción de concurrencia de circunstancias extraordinarias y no cabe exonerar a la compañía demandada de indemnizar a los demandantes debido a que dicha circunstancia **no está incluida en las previstas, siendo previsible, por el funcionamiento de una compañía**, aun a sabiendas de las circunstancias que se estaban produciendo por la parte demandada, pudiendo la demandada adoptar las medidas oportunas.
>
> Es jurisprudencia reiterada por parte de la UE que una avería provocada por la prematura deficiencia de algunas piezas de una aeronave constituye ciertamente un suceso imprevisto, pero esa avería sigue estando intrínsecamente ligada al muy complejo sistema de funcionamiento del aparato, que el transportista explota en condiciones a menudo difíciles, incluso extremas, en especial las meteorológicas, teniendo en cuenta, además, que ninguna pieza de una aeronave es inalterable. Por tanto, en el contexto de

la actividad del transportista aéreo **ese suceso inesperado es inherente al ejercicio normal de su actividad, en la que el transportista hace frente con frecuencia a ese tipo de problemas técnicos imprevistos.**

Por otro lado, la **prevención de ese tipo de avería o la reparación que ésta requiere,** incluida la sustitución de una pieza prematuramente defectuosa, **no escapan al control efectivo del transportista aéreo interesado** ya que a éste le corresponde garantizar el mantenimiento y el buen funcionamiento de las aeronaves que explota para sus actividades económicas».

Asimismo, podemos distinguir **dos tipos de averías:**

- Una **avería técnica antes del vuelo** que conlleve su cancelación o un retraso de tres horas o más, da derecho a la compensación pues la obligación de la aerolínea es mantener en perfecto funcionamiento los aviones de toda su flota.

- Una **avería técnica durante el vuelo** habilita al piloto para aterrizar el avión por razones de emergencia y seguridad de los pasajeros. No por ello se excluye el derecho a compensación; dependerá de si la avería podía haberse evitado o no.

A título de ejemplo, cabe traer a colación la **sentencia de la Audiencia Provincial de Madrid n.º 172/2024, de 24 de mayo, ECLI:ES:APM:2024:11457,** en la que se plantea un caso de avería durante el vuelo, ya que una vez despegó el avión tuvo que regresar al aeropuerto debido a un aviso de avería en los *flaps* del aparato que supuso finalmente un retraso superior a las 3 horas en la llegada a destino. Así señala:

«Por lo tanto, la **averías mecánicas y técnicas que pueda sufrir el aparato con el que se opera el vuelo no suponen, por si solas, la concurrencia de las circunstancias extraordinarias que justifiquen la exoneración de la transportista.** Para ello, se requieren elementos ulteriores, como v. gr.,que provengan de actos de sabotaje, terrorismo o de defectos generales de construcción del aparato debidos a su fabricación, sin que por la fabricante se hubiera avisado previamente de ello a la transportista operadora del avión. Fuera de ello, **el normal desgaste que se produce por el uso de los aparatos con los que la porteadora desarrolla su actividad empresarial típica, sean o no detectados en las labores de mantenimiento, no constituyen aquellos supuestos de exoneración,** al revelarse como hechos internos a los elementos de su empresa.

(8).-En el caso de WAMOS AIR SA, lo único acreditado es que se produjo una aviso de alarma en el control de mandos de los pilotos sobre el funcionamiento de los flaps, sin que conste que dicho defecto sea general para la clase de avión con que se realizaba el vuelo ni se deba a actividades dolosas de terceros. Con ello, se presenta como **un defecto o avería puramente atribuible al desgaste en el uso de los equipos, por lo que no concurren los rasgos exigibles para considerarlo como circunstancia extraordinaria a los efectos de escapar a los deberes de compensación».**

CUESTIÓN

¿Qué ocurre cuando se cancela o retrasa un vuelo por avería de una pieza *on condition*?

En primer lugar, cabe aclarar que las piezas *on condition* son componentes de la aeronave que solo se sustituyen cuando falla el componente anterior, en caso de que el transportista tenga siempre en reserva un componente de reserva.

El TJUE en su sentencia n.º C-832/18, de 12 de marzo de 2020, ECLI:EU-:C:2020:204, señala que un fallo de un componente *on condition*, aunque el transportista aéreo tenga siempre en reserva un componente preparado para su sustitución, constituye un acontecimiento que, por su naturaleza o su origen, es inherente al ejercicio normal de la actividad del transportista aéreo afectado y no escapa al control efectivo de este, es decir, no se considera en principio circunstancia extraordinaria que exonera de responsabilidad al transportista.

Sin embargo, sí podrá considerarse tal hecho como circunstancia extraordinaria y exoneratoria de responsabilidad cuando el referido fallo no esté intrínsecamente ligado al sistema de funcionamiento de la aeronave.

6.
LAS CIRCUNSTANCIAS EXTRAORDINARIAS: CLIMATOLOGÍA Y FENÓMENOS NATURALES

El considerando 14 del Reglamento (CE) n.º 261/2004, de 11 de febrero de 2004, establece:

> «Del mismo modo que en el marco del Convenio de Montreal, las obligaciones de los transportistas aéreos encargados de efectuar un vuelo se deben limitar o excluir cuando un suceso haya sido causado por circunstancias extraordinarias que no hubieran podido evitarse incluso si se hubieran tomado todas las medidas razonables. Dichas circunstancias pueden producirse, en particular, en casos de inestabilidad política, **condiciones meteorológicas incompatibles con la realización del vuelo**, riesgos para la seguridad, deficiencias inesperadas en la seguridad del vuelo y huelgas que afecten a las operaciones de un transportista aéreo encargado de efectuar un vuelo».

Una sentencia interesante para analizar si la climatología y los fenómenos naturales pueden considerarse circunstancias extraordinarias es la del **Juzgado de lo Mercantil de Barcelona n.º 71/2019, de 11 de febrero, ECLI:ES:-JMB:2019:2023**, en la que la compañía aérea demandada acredita la circunstancia extraordinaria con un informe meteorológico del aeropuerto de Barcelona en el que consta cuáles eran las condiciones meteorológicas del mismo, donde se puede observar que durante la **franja horaria en la que tenía que despegar el avión, había una tormenta eléctrica acompañada de lluvia que impedía despegar con normalidad**.

Asimismo, en el referido informe se observa que dichas circunstancias meteorológicas afectaron al tráfico aéreo en general, con más retrasos y cancelaciones en numerosos vuelos que tenían que despegar más o menos en la misma franja horaria, e incluso de tal circunstancia se hicieron eco los medios de comunicación.

Si bien, los demandantes pudieron comprar otro billete de avión con una compañía diferente para viajar al mismo destino en la misma tarde, el referido juzgado entiende que tal hecho:

«(...) no altera la anterior conclusión pues la valoración acerca de si concurría o no una circunstancia extraordinaria debe analizarse en el momento en el que el vuelo tenía que despegar según la hora programada. **Que la compañía aérea decidiera cancelar el vuelo en lugar de salir con retraso** (desconociéndose además en este caso cuál era el tiempo medio de duración de ese retraso había cuenta la congestión del tráfico aéreo) **no puede redundar en perjuicio de la compañía cuando su decisión vino motivada por garantizar la seguridad del pasaje y de la propia tripulación.**

Ello me lleva sin más trámites a desestimar íntegramente la presente demanda, al haber **acreditado la demandada la concurrencia de una circunstancia extraordinaria que era totalmente imprevisible e inevitable para la compañía aérea y ajena a su ámbito de control y competencias,** de tal manera que la cancelación del vuelo se hubiera igualmente producido por mucho que la demandada hubiera adoptado todas las medidas razonables para evitarlo».

Por lo tanto, a la hora de determinar **si la circunstancia que provoca el retraso o la cancelación de un vuelo es exoneratoria, habrá que distinguir si la misma es intrínseca a la actividad, se está ante una situación de caso fortuito, pero no de fuerza mayor,** de manera que, no existe exoneración de responsabilidad. En cambio, si **la circunstancia es completamente ajena a los riesgos propios de la actividad en el curso de la cual se originó el daño, se está ante la fuerza mayor exonerante.**

CUESTIÓN

Los daños causados a un avión por la caída de rayos en el mismo, ¿constituyen un riesgo intrínseco a la actividad?

Sí, aunque se pruebe que el daño sufrido en un avión por un rayo determine un retraso durante, por ejemplo, 24 horas (sentencia de la Audiencia Provincial de Barcelona n.º 19/2012, de 25 de enero, ECLI:ES:APB:2012:2721). Se considera en este caso que la circunstancia es intrínseca a la actividad del transporte aéreo por lo que no puede existir causa de exoneración de responsabilidad.

«La doctrina establecida por el Tribunal europeo va por ese mismo camino y rechaza que exista causa de exoneración cuando la circunstancia es intrínseca a la actividad del transporte aéreo, como en el caso ocurre, atendido que los accidentes ocasionados por la caída de rayos sobre aparatos en vuelo constituyen un riesgo intrínseco a la actividad. Por consiguiente, la única conclusión a la que es posible llegar es que no existe causa de exoneración, aun en el caso de que hubiera resultado probado que el daño sufrido por el aparato y que determinó el retraso del vuelo durante 24 horas, hubiera sido consecuencia del impacto de un rayo, como se afirma por la recurrente.

Y a todo ello habría que añadir que el hecho causante del daño, según las afirmaciones de la demandada, no se produjo durante el vuelo contratado por la actora sino con ocasión de un vuelo anterior, razón por la que tampoco podemos considerar que el retraso sea propiamente consecuencia del mismo, sino más bien consecuencia de la deficiente organización de los medios de la demandada, por no haber previsto que una circunstancia así se podía producir».

Otro ejemplo, lo encontramos en la **sentencia del Juzgado de lo Mercantil de las Palmas de Gran Canaria, n.º 76/2020, de 24 de abril, ECLI:ES:JM-GC:2020:1544,** en la que se produce un retraso de un vuelo por un daño producido en un ala como consecuencia de un rayo, y que reza el tenor literal siguiente:

> «Por tanto, aunque el daño causado por el rayo se detectara en el aeropuerto de salida, lo cierto es que el hecho causante ya se había constatado en el vuelo anterior, de modo que, al aterrizar el aparato en Gran Canaria, no se trataba de una circunstancia que se detectara justo en el momento en que la aeronave debía despegar, pues la posible causación de daños en el fuselaje se debía a circunstancias ya conocidas con anterioridad.
>
> Este tribunal considera que **la demandada no ha acreditado que incluso utilizando todo el personal o el material y los medios financieros de que disponía, le habría resultado manifiestamente imposible evitar que las circunstancias extraordinarias con las que se vio enfrentado provocaran un retraso de igual o superior a tres horas a la llegada, salvo a costa de aceptar sacrificios insoportables.**
>
> La demandada ha centrado toda su argumentación en determinar la concurrencia de una circunstancia extraordinaria pero no ha alegado nada en relación con el segundo elemento a tener en cuenta, relativo a probar que ha utilizado todo el personal o el material y los medios económicos de que disponía para evitar que la reparación del daño ocasionado por el rayo provocara el gran retraso del vuelo litigioso».

En el mismo sentido, cabe citar la **sentencia del Juzgado de lo Mercantil de Barcelona n.º 197/2021, de 25 de mayo, ECLI:ES:JMB:2021:2516,** de ella se infiere, como regla general, que la alegación por las compañías aéreas como circunstancia extraordinaria de la existencia de condiciones meteorológicas adversas requiere de una cumplida prueba. Así señala:

> «Dicha **prueba debe ir encaminada a acreditar** no solamente que en las franjas horarias del vuelo de referencia existía en el aeropuerto de despegue o aterrizaje una **determinada condición meteorológica** que, en general, puede afectar a la seguridad de la navegación aérea, sino que, además, es preciso que la prueba vaya encaminada a **acreditar que la condición meteorológica afectó de una manera concreta y específica al vuelo en cuestión y que la compañía demandada no podía hacer razonablemente nada para evitar el retraso o la cancelación.** Este criterio de afectación concreta del vuelo no se colma con la mera indicación de que el vuelo en cuestión se retrasó o fue cancelado».

Y concluye:

> «Las anteriores pruebas no acreditan, sin embargo, que tales condiciones meteorológicas afectaran de una manera concreta al vuelo del demandante. Se considera que estas circunstancias deben tener algún reflejo documental y que **tales circunstancias son las que permiten aproximar genéricas alegaciones de una condición meteorológica adversa hacia concretas afectaciones al vuelo en cuestión para poder cumplir con el**

nexo causal. Por lo expuesto, procede la estimación de la demanda. La estimación es completa al no constar cumplidas las obligaciones de la demandada en materia de trasporte alternativo».

En idéntico sentido se pronuncia la **sentencia del Juzgado de lo Mercantil de Barcelona n.º 152/2023, de 19 de septiembre, ECLI:ES:JMB:2023:4092**.

A *sensu contrario* como caso en que la demandada cumple satisfactoriamente la carga de la prueba de la concurrencia de la circunstancia extraordinaria alegada cabe citar la **sentencia del Juzgado de lo Mercantil de Madrid n.º 3320/2023, de 30 de junio, ECLI:ES:JMM:2023:4010**. En este sentido recordar que conforme al artículo 5.3 del Reglamento (CE) n.º 261/2004, de 11 de febrero de 2004, la carga de la prueba de la circunstancia extraordinaria corresponde a la compañía aérea, pues la misma quedará exonerada de responsabilidad si acredita que la cancelación del vuelo se debe a una circunstancia extraordinaria que no podía evitarse ni siquiera adoptando todas las medidas razonables.

En definitiva, para aproximarnos a saber si una compañía aérea queda exonerada o **debe indemnizar a los pasajeros por un retraso o cancelación debido a circunstancias climatológicas**, cabe observar si la misma ha utilizado todo el personal o el material y los medios económicos de que disponía para evitar que la reparación del daño ocasionado por un rayo, por ejemplo, provocara un gran retraso (superior a 3 horas).

7.
VIAJES COMBINADOS: ¿CUÁLES SON SUS ESPECIALIDADES?

En cuanto a la regulación de los viajes combinados, cabe hacer referencia a la **Directiva (UE) 2015/2302 del Parlamento Europeo y del Consejo, de 25 de noviembre de 2015**, relativa a los viajes combinados y a los servicios de viaje vinculados, por la que se modifican el Reglamento (CE) n.º 2006/2004 y la Directiva 2011/83/UE del Parlamento Europeo y del Consejo y por la que se deroga la Directiva 90/314/CEE del Consejo.

Con motivo de la transposición de la directiva anterior al ordenamiento jurídico español, se dicta el **Real Decreto-ley 23/2018, de 21 de diciembre, por el que se modifica el libro IV del Real Decreto Legislativo 1/2007, de 16 de noviembre**, por el que se aprueba el texto refundido de la Ley General para la Defensa de los Consumidores y Usuarios y otras leyes complementarias (en adelante, TRLGDCU), por el que se regulan los viajes combinados y servicios de viaje vinculados.

Pues bien, en lo que se refiere a los viajes combinados habrá de estarse, por tanto, a lo previsto en los **artículos 150 y siguientes del TRLGDCU**, en relación con la Directiva (UE) 2015/2302 del Parlamento Europeo y del Consejo, de 25 de noviembre de 2015.

A TENER EN CUENTA. El considerando número 20 de la Directiva (UE) 2015/2302 del Parlamento Europeo y del Consejo, de 25 de noviembre de 2015, señala que «La presente Directiva debe entenderse sin perjuicio de lo dispuesto en el Derecho contractual nacional para aquellos aspectos que no regule».

CUESTIÓN

¿Cómo afecta a los viajes combinados lo previsto en los Reglamentos (CE) n.º 261/2004, de 11 de febrero de 2004, y n.º 1107/2006, de 5 de julio de 2006?

El Reglamento (CE) n.º 261/2004, de 11 de febrero de 2004, en su artículo 3, señala que lo en él previsto se entiende sin perjuicio de los derechos que asisten a los pasajeros en virtud de la Directiva 90/314/CEE del Consejo, de 13 de junio de 1990, relativa a los viajes combinados —derogada esta por la Directiva (UE) 2015/2302 del Parlamento Europeo y del Consejo, de 25 de noviembre de 2015—, si bien aquel

> reglamento no será de aplicación en los casos en que el viaje combinado se cancele por motivo que no sean la cancelación del vuelo.
>
> En cuanto al Reglamento (CE) n.º 1107/2006, de 5 de julio de 2006, su aplicación tampoco debe afectar a los demás derechos de los pasajeros previstos en la normativa comunitaria y, especialmente, en la citada directiva.

Asimismo, cabe destacar el **carácter imperativo de la Directiva (UE) 2015/2302** del Parlamento Europeo y del Consejo, de 25 de noviembre de 2015, establecido en su artículo 23 en los términos siguientes:

«1. Si el organizador de un viaje combinado o un empresario que facilita servicios de viaje vinculados declara que actúa exclusivamente como prestador de servicios de viaje, como intermediario o en cualquier otra calidad, o que un viaje combinado o unos servicios de viaje vinculados no constituyen un viaje combinado o unos servicios de viaje vinculados, tal declaración no eximirá a tal organizador o empresario de las obligaciones que les impone la presente Directiva.

2. Los viajeros no podrán renunciar a los derechos que les confieran las disposiciones nacionales de transposición de la presente Directiva.

3. Toda cláusula contractual o declaración del viajero que suponga una renuncia o limitación directa o indirecta de los derechos conferidos a los viajeros por la presente Directiva o que tenga por objeto eludir su aplicación no será vinculante para el viajero».

¿Qué se entiende por viaje combinado?

Se define un viaje combinado como la combinación de, al menos, dos tipos de servicios de viaje a efectos del mismo viaje, si esos servicios:

- Son combinados por un solo empresario, incluso a petición o según la selección del viajero, antes de que se celebre un único contrato por la totalidad de los servicios.

- O, con independencia de la celebración de contratos distintos con diferentes prestadores de servicios de viaje, esos servicios:

  - Son contratados en un único punto de venta y seleccionados antes de que el viajero acepte pagar.

  - Son ofrecidos, vendidos o facturados a un precio a tanto alzado o global.

  - Son anunciados o vendidos como «viaje combinado» o bajo una denominación similar,

  - Son combinados después de la celebración de un contrato en virtud del cual el empresario permite al viajero elegir entre una selección de distintos tipos de servicios de viaje.

  - Son contratados con distintos empresarios a través de procesos de reserva en línea conectados en los que el nombre del viajero, sus datos de pago y su dirección de correo electrónico son transmitidos por el empresario con el que se celebra el primer contrato a otro u otros empresarios con quienes se celebra otro contrato, a más tardar veinticuatro horas después de la confirmación de la reserva del primer servicio de viaje.

CUESTIONES

1. ¿Qué se entiende por viajero?

Es viajero toda persona que tiene la intención de celebrar un contrato o tiene derecho a viajar en virtud de un contrato de viaje combinado.

2. ¿Y por organizador?

El empresario que combina y vende u oferta viajes combinados directamente, a través de o junto con otro empresario o el empresario que transmite los datos del viajero a otro empresario a efectos de lo indicado para los procesos de reserva en línea.

3. A efectos de viajes combinados ¿qué es un minorista?

Se define como el empresario distinto del organizador que vende u oferta viajes combinados por un organizador.

En caso de combinación de servicios de viaje en la que se combine como máximo uno de los siguientes servicios: transporte de viajeros, alojamiento o alquiler de vehículo con uno o varios de los servicios turísticos que no se integran en un servicio de viaje de los anteriores, no se considerará viaje combinado si estos servicios turísticos no representan una proporción igual o superior al 25 % del valor de la combinación y no se anuncian o no constituyen por alguna otra razón una característica esencial de la combinación, o si solo han sido seleccionados y contratados después de que se haya iniciado la ejecución de un servicio de viaje de los relativos al transporte de viajeros, al alojamiento o al alquiler de vehículo.

La regulación de los viajes combinados se aplica a los que se hayan ofrecido para la venta o vendido por empresarios a viajeros. **¿Existe alguna excepción?** Sí, tal normativa no se aplicará a:

– Los viajes combinados y los servicios de viaje vinculados de duración inferior a veinticuatro horas, a menos que se incluya el alojamiento.

– Los viajes combinados que se ofrezcan y los servicios de viaje vinculados que se faciliten, sin reiteración en un mismo año y sin ánimo de lucro, siempre que vayan dirigidos única y exclusivamente a los miembros de la entidad que lo organiza y no al público en general y no se utilicen medios publicitarios para su promoción, ni sean de general conocimiento.

– Los viajes combinados y los servicios de viaje vinculados contratados sobre la base de un convenio general para la organización de viajes de negocios entre un empresario y otra persona física o jurídica que actúe con fines relacionados con su actividad comercial, negocio, oficio o profesión.

Resolución, cancelación y desistimiento del contrato de viaje combinado

Se refiere a la resolución, cancelación y derecho de desistimiento antes del inicio del viaje el artículo 160 del TRLGDCU.

¿Es posible la resolución por el viajero de un contrato de viaje combinado?

La respuesta ha de ser afirmativa, el viajero podrá resolver el contrato en cualquier momento antes del inicio del viaje, si bien el organizador o minorista podrá exigirle una penalización adecuada y justificable y, si se le solicita, facilitará al viajero justificación del importe de aquella.

Pero ¿cuál será el importe de la penalización? Pues bien, podrá fijarse una penalización tipo en el contrato basada en la antelación de la resolución y en el ahorro de costes y los ingresos esperados por la utilización alternativa de los servicios de viaje. A falta de aquella, el importe de la penalización equivaldrá al precio del viaje combinado menos el ahorro de costes y los ingresos derivados de la utilización alternativa de los servicios de viaje.

> **CUESTIÓN**
>
> **¿Existe algún caso de resolución exento de penalización?**
>
> Sí, conforme al artículo 160.2 del TRLGDCU, podrá el viajero resolver el contrato antes del inicio del viaje en caso de que concurran circunstancias inevitables y extraordinarias que afecten significativamente a la ejecución del viaje combinado o al transporte de viajeros al lugar de destino. En estos supuestos, el viajero tendrá derecho al reembolso completo de cualquier pago realizado, pero no a una compensación adicional.

A pesar de la penalización ¿existe derecho de reembolso en caso de resolución del contrato? Sí, el organizador o minorista reembolsará cualquier pago realizado por el viajero o en su nombre menos la penalización correspondiente.

¿Puede cancelarse el contrato de viaje combinado?

Sí, el organizador podrá cancelar el contrato y reembolsar al viajero la totalidad de los pagos que haya hecho, si bien no será responsable de compensación adicional alguna en los casos siguientes:

- Si el número de personas inscritas para el viaje combinado es inferior al número mínimo del previsto en el contrato y el organizador o minorista notifica la cancelación al viajero en el plazo que se fije, que a más tardar será de:

  - 20 días naturales antes del inicio del viaje combinado en el caso de los viajes de más de 6 días de duración.

  - 7 días naturales antes del inicio del viaje combinado en el caso de los viajes de entre 2 y 6 días de duración.

  - 48 horas antes del inicio del viaje combinado en el caso de viajes de menos de 2 días de duración.

– Si el organizador se ve en la imposibilidad de ejecutar el contrato por circunstancias inevitables y extraordinarias y se notifica la cancelación al viajero sin demora indebida antes del inicio del viaje combinado.

CUESTIÓN

En los casos en que proceda el reembolso o alguna devolución ¿cuándo deberá realizarse?

Los reembolsos o devoluciones se realizarán al viajero sin demora indebida y, en cualquier caso, en un plazo no superior a 14 días naturales desde la terminación del contrato de viaje combinado.

Por otro lado **¿qué sucede con los casos de contratos de viaje combinado celebrados fuera del establecimiento?** Pues bien, en estos casos el viajero dispondrá de un plazo de 14 días para ejercer su derecho de desistimiento del contrato de viaje combinado, sin necesidad de justificación.

Reclamación del viajero por falta de conformidad en la ejecución del viaje combinado

Los organizadores y los minoristas responderán ante el viajero del correcto cumplimiento de los servicios de viaje incluidos en el contrato en función de las obligaciones que les correspondan por su ámbito de gestión del viaje combinado, con independencia de que estos servicios los deban ejecutar ellos mismos u otros prestadores.

En caso de incumplimiento o cumplimiento defectuoso, el viajero puede dirigir la reclamación indistintamente a los organizadores o minoristas, quedando estos obligados a:

– Informar sobre el régimen de responsabilidad existente.

– Tramitar la reclamación de forma directa o mediante remisión a quien corresponda.

– Informar de la evolución de la reclamación al viajero, aunque no esté en su ámbito de gestión.

¿Qué sucede en los casos de falta de gestión de la reclamación? Pues, en caso de falta de gestión de la reclamación por parte del organizador o del minorista que la reciba cuando no esté en su ámbito de gestión supone su responsabilidad solidaria con el que corresponda según dicho ámbito frente al viajero. Quien responda de forma solidaria ante el viajero por la falta de gestión de la reclamación tendrá el derecho de repetición frente al organizador o al minorista al que le sea imputable el incumplimiento o cumplimiento defectuoso del contrato.

A TENER EN CUENTA. La carga de la prueba de haber actuado diligentemente en la gestión de la reclamación y, en cualquier caso, de haber iniciado la gestión con carácter inmediato tras su recepción, le corresponde al minorista u organizador.

¿**Existe derecho de resarcimiento frente a terceros?** Sí, en caso de que el organizador o minorista abone una compensación, conceda una reducción del precio o cumpla las demás obligaciones impuestas, podrá solicitar el resarcimiento a terceros que hayan contribuido a la producción del hecho que dio lugar a aquellas.

> **CUESTIÓN**
>
> **¿Cuál es el plazo de prescripción de las reclamaciones en caso de viajes combinados?**
>
> Conforme al artículo 169 del TRLGDCU, el plazo de prescripción para presentar las reclamaciones será de dos años.

¿Cuáles son los pasos a seguir en la reclamación?

En primer lugar, **informará el viajero al organizador o minorista, sin demora indebida, de cualquier falta de conformidad** que observe en la ejecución del contrato.

Apreciada alguna falta de conformidad en la ejecución, el organizador o minorista deberán subsanarla, salvo que sea imposible o desproporcionado, de no hacerlo surge el derecho del viajero a la reducción del precio e indemnización por los daños y perjuicios del artículo 162 del TRLGDCU.

Fuera del caso anterior, si no se subsana la falta de conformidad en plazo razonable fijado por el viajero, este podrá hacerlo y solicitar el reembolso de los gastos.

> **A TENER EN CUENTA.** No será necesario fijar el plazo límite si el organizador o minorista se niegan a subsanar la falta o si se requiere una solución inmediata.

¿**Qué sucede cuando es una proporción significativa de los servicios de viaje convenidos la que no puede prestarse conforme a lo previsto?** En este caso, el organizador o minorista ofrecerá, sin coste adicional, fórmulas alternativas adecuadas para la continuación del viaje, con reducción del precio si la alternativa resulta de menor calidad que la del contrato. Pero **¿pueden rechazarse por el viajero las fórmulas alternativas?** Solamente en el caso de que no sean comparables a lo acordado en el contrato de viaje combinado o si la reducción del precio concedida es inadecuada.

Y si la falta de conformidad afecta sustancialmente a la ejecución del viaje y no se subsana en tiempo **¿qué puede hacer el viajero?** Podrá poner fin al contrato sin penalización alguna y solicitar tanto una reducción del precio como una indemnización por los daños y perjuicios causados. Asimismo, idéntico derecho, sin poner fin al contrato, le corresponde al viajero cuando no sea posible encontrar fórmulas de viaje alternativas o cuando las rechace en la forma prevista. En estos supuestos, deberán repatriar al viajero en transporte equivalente sin dilaciones indebidas y sin coste adicional, cuando el viaje combinado incluya el transporte de pasajeros.

CUESTIÓN

En caso de que no pueda garantizarse el retorno del viajero conforme a lo convenido por circunstancias inevitables y extraordinarias ¿cómo se solventará?

El organizador o, en su caso, el minorista, asumirán el coste del alojamiento que sea necesario, de ser posible de categoría equivalente, por un período no superior a tres noches por viajero, salvo que la normativa europea sobre derechos de los pasajeros, aplicable a los correspondientes medios de transporte para el regreso del viajero, establezca períodos más largos, en cuyo caso, se aplicarán dichos períodos.

No obstante, la limitación de costes no será de aplicación a las personas con discapacidad o movilidad reducida ni a sus acompañantes, mujeres embarazadas y menores no acompañados, así como a las personas con necesidad de asistencia médica específica, si sus necesidades particulares han sido participadas al organizador o, en su caso, al minorista al menos 48 horas antes del inicio del viaje. El organizador y el minorista no podrán invocar las circunstancias inevitables y extraordinarias a efectos de la limitación de responsabilidad si el transportista no puede acogerse a estas circunstancias en virtud de la normativa europea.

¿Qué derechos tendrán los viajeros?

El artículo 162 del TRLGDCU hace referencia al derecho del viajero a:

- Una reducción del precio adecuada al periodo en que haya habido falta de conformidad, salvo que el organizador o minorista demuestren que aquella es imputable al viajero.

- Una indemnización adecuada del organizador o, en su caso, del minorista por cualquier daño o perjuicio que sufra como consecuencia de cualquier falta de conformidad. Se abonará sin demora indebida.

A TENER EN CUENTA. El derecho a indemnización o reducción del precio no afectará a los derechos de los viajeros contemplados en los distintos reglamentos europeos y convenios internacionales. Los viajeros tendrán derecho a presentar reclamaciones con arreglo al TRLGDCU, a dichos reglamentos y a los convenios internacionales. La indemnización o reducción del precio concedida en virtud del TRLGDCU y la concedida en virtud de dichos reglamentos y convenios internacionales se deducirán la una de la otra para evitar el exceso de indemnización.

CUESTIÓN

¿En qué casos el viajero no tendrá derecho a una indemnización por daños y perjuicios?

Cuando el organizador o el minorista, en su caso, demuestren que la falta de conformidad es imputable al viajero, imputable a un tercero ajeno a la prestación de los servicios contratados e imprevisible o inevitable, o debida a circunstancias inevitables y extraordinarias.

Si los convenios internacionales que vinculan a la Unión Europea limitan el alcance o las condiciones del pago de indemnizaciones por los prestadores de servicios de viaje incluidos en un viaje combinado, las mismas limitaciones se aplicarán a los organizadores y minoristas. En el resto de los casos, el contrato podrá limitar la indemnización que debe pagar el organizador o el minorista siempre que esa limitación no se aplique a los daños corporales o perjuicios causados de forma intencionada o por negligencia y que su importe no sea inferior al triple del precio total del viaje.

Asimismo, el artículo 163 del TRLGDCU hace referencia a la posibilidad del viajero de enviar mensajes, peticiones o quejas en relación con la ejecución del viaje combinado directamente al minorista a través del cual fue adquirido.

¿En qué consiste el deber de asistencia del organizador o minorista al viajero en dificultades? Pues, en que está obligado a proporcionarle asistencia adecuada y sin demora indebida, especialmente en caso de circunstancias inevitables y extraordinarias, en concreto mediante:

- El suministro de información adecuada sobre los servicios sanitarios, las autoridades locales y la asistencia consular.

- La asistencia al viajero para establecer comunicaciones a distancia y la ayuda para encontrar fórmulas de viaje alternativas.

A los efectos anteriores, el organizador y, en su caso, el minorista, podrán facturar un recargo razonable por la asistencia si la dificultad se ha originado intencionadamente o por negligencia del viajero, si bien aquel no excederá en ningún caso los costes reales en los que haya incurrido el organizador o el minorista.

ANEXO I.
CASOS PRÁCTICOS

Caso práctico | ¿Cuál es el plazo para interponer reclamaciones aéreas?

PLANTEAMIENTO

Ante un vuelo son muchas las incidencias que se le pueden plantear a los pasajeros, es por ello, que existen diferentes mecanismos para que puedan reclamar y hacer valer sus derechos. Pues bien, ¿cuáles serán los plazos para poder llevar a cabo las referidas reclamaciones?

RESPUESTA

Los plazos para plantear reclamaciones aéreas van a ser diferentes según el tipo de vía que se utilice y el derecho que se pretenda hacer valer. Asimismo, a estos efectos hay que tener en cuenta las distintas normas aplicables en esta materia.

En primer lugar, en cuanto a las reclamaciones aéreas que se encuentran en el ámbito de aplicación del Reglamento (CE) n.º 261/2004, de 11 de febrero de 2004, señalar que esta norma no contempla plazo alguno para efectuar las reclamaciones. Entonces para fijar este, como señala la **sentencia del Tribunal de Justicia de la Unión Europea n.º C-139/11, de 22 de noviembre de 2012, ECLI:EU:C:2012:741,** habrá de acudirse a la normativa nacional. En este sentido, la norma española, con uno de los plazos más amplios reconocidos a estos efectos, hace referencia a un plazo de 5 años, ahora expresamente previsto para esta materia en el artículo 6 de la Orden TMA/201/2022, de 14 de marzo, cuando fija:

> «El plazo para presentar la reclamación previa es de cinco años a contar desde el día en que se produjo el incidente que pudiera dar lugar a dicha reclamación».

Asimismo, en lo que se refiere a los casos anteriores, otros plazos a tener presentes son, de un lado, el plazo de 1 año desde la reclamación previa para acudir ante la Agencia Estatal de Seguridad Aérea (en el procedimiento de resolución alternativa de litigios) y, de otro lado, el plazo de 1 mes previsto para que la compañía aérea atienda la decisión que haya adoptado AESA en cuanto a la reclamación planteada, en tanto, transcurrido ese plazo sin que se haya atendido, podrá instar el pasajero su ejecución ante el juzgado competente.

A TENER EN CUENTA. Los plazos anteriores de un año y un mes se refieren a los supuestos de procedimientos de resolución alternativa de litigios previstos en la Orden TMA/201/2022, de 14 de marzo.

En segundo lugar, por lo que atañe a las reclamaciones que quedan fuera del Reglamento (CE) n.º 261/2004, de 11 de febrero de 2004, y a las que sea de aplicación el Convenio para la unificación de ciertas reglas para el transporte aéreo internacional, hecho en Montreal el 28 de mayo de 1999, cabe destacar que este sí hace referencia expresa al plazo para reclamar que lo fija en 2 años desde que se produjo la incidencia.

Caso práctico | Legitimación pasiva en caso de incidencia en viaje con varios vuelos operados por distintas compañías

PLANTEAMIENTO

«A» contrata un viaje con la compañía «X». El viaje comprende tres vuelos con salida desde un Estado miembro y destino final en un tercer Estado, además de una escala en tercer Estado.

El primer vuelo es operado por la compañía «X», la cual contrata, a su vez, los otros dos vuelos para que sean operados por la compañía «Y».

Denegado el embarque de «A» en el último de los vuelos a cargo de «Y» y no pudiendo, por tanto, llegar al destino final según lo previsto ¿puede «A» reclamar esta incidencia solo a «Y» como causante de la incidencia en su vuelo o puede también dirigirse contra «X» con quien ha contratado?

RESPUESTA

Para resolver este supuesto resulta especialmente interesante la **sentencia de la Audiencia Provincial de Madrid n.º 150/2023, de 17 de febrero, ECLI:ES:APM:2023:2583**, la cual, con cita a numerosa jurisprudencia europea (entre otras, la **STJUE n.º C-561/20, de 7 de abril de 2022, ECLI:EU:C:2022:266**), concluye la posibilidad de reclamar a ambas compañías en tanto el transporte se contempla como una unidad aun interviniendo varios operadores.

> «La cuestión sobre en quién deben recaer las obligaciones establecidas en el Reglamento fue controvertida en su tramitación en relación a los casos en que el transporte es efectuado por una compañía distinta a la que se contrata, planteándose la posibilidad de que se reclamase tanto al transportista que comercializa el vuelo como al transportista efectivo. La solución fue atribuir las obligaciones de compensación y asistencia al transportista encargado de efectuar el vuelo, solución que se consideró más simple, directa y fácilmente comprensible por los pasajeros. Como establece la STJUE de 7 de abril de 2022, C-561/2020, EU:C:2022:266, apartado 36, el legislador de la Unión se decantó por la responsabilidad exclusiva del transportista aéreo encargado de efectuar el vuelo con el fin de garantizar la protección de los derechos de los pasajeros aéreos y la seguridad jurídica en cuanto a la designación de la persona a la que incumben las obligaciones impuestas por dicho Reglamento».

No obstante lo anterior, entendido el transportista aéreo encargado de efectuar un vuelo como aquel que lleve a cabo o pretenda llevar a cabo el vuelo conforme a un contrato con un pasajero o en nombre de otra persona, jurídica o física, que tenga un contrato con el citado pasajero, se infiere la necesidad de dos requisitos para atribuir tal consideración.

De un lado, el vuelo, si bien cuanto este tenga varias conexiones objeto de una reserva única se entiende que forma una unidad a efectos del derecho a compensación de los pasajeros. Por lo tanto «(...) la compañía encargada de efectuar el vuelo no puede escudarse en que uno de los vuelos haya sido operado por otra compañía».

De otro lado, la **existencia de contrato señalando el TJUE, en su sentencia n.º C-561/20, de 7 de abril de 2022, ECLI:EU:C:2022:266,** que «(...) cuando un transportista aéreo encargado de efectuar un vuelo que no tenga contrato con el pasajero dé cumplimiento a obligaciones en virtud del citado Reglamento, se considera que lo hace en nombre de la persona que tiene un contrato con el pasajero».

Entonces, será indiferente la relación que exista entre la compañía con la que se efectúa la reserva y la que opera el vuelo. Y la falta de un vínculo contractual entre los pasajeros afectados y el transportista aéreo encargado de efectuar el vuelo es irrelevante, siempre que este último se halle vinculado a su vez por una relación contractual con el transportista que tenga contrato con esos pasajeros.

En definitiva, la reclamación puede ser realizada a cualquiera de los transportistas encargados de efectuar cualquiera de los vuelos, puesto que el transporte se contempla como una unidad, aunque resulten encargadas del transporte como transportistas efectivos distintas compañías en los diversos tramos. De este modo, siendo «X» una de las compañías encargadas del transporte, no puede escudarse en que el hecho que pueda dar lugar al derecho de compensación o asistencia ocurrió en el tramo operado por otra compañía.

Caso práctico | Legitimación activa del empresario por retraso en vuelo de sus empleados en un viaje de negocios

PLANTEAMIENTO

Un empresario/empleador compra unos vuelos para un viaje de negocios al que van a asistir sus empleados. A causa del retraso del vuelo adquirido los empleados tienen que hacer una serie de desembolsos adicionales que les abona su empleador.

Posteriormente, el empleador dirige reclamación contra el transportista aéreo a efectos de que le abone aquellas cantidades que tuvo que desembolsar por el retraso. ¿Está el transportista aéreo obligado a responder frente a aquel empleador, como persona jurídica con la que ha celebrado el contrato de transporte internacional de pasajeros, por los gastos adicionales que el retraso obligó a efectuar a sus empleados?

Existiendo varios empleados que han sido afectados por el retraso ¿cuál será el límite de la responsabilidad del transportista aéreo?

RESPUESTA

Un caso semejante plantea la **STJUE n.º C-429/14, de 17 de febrero de 2016, ECLI:EU:C:2016:88**, en relación con el Convenio de Montreal de 28 de mayo de 1999.

Pues bien, la respuesta ha de ser afirmativa toda vez que el transportista aéreo tiene el deber de indemnizar, con carácter general, los daños ocasionados por retrasos en el transporte aéreo de pasajeros, equipaje o carga, pero no se concreta nada sobre la persona perjudicada, por lo que no debe entenderse referido únicamente al que tenga la condición de pasajero. Así pues, a falta de previsión expresa, puede extenderse la responsabilidad a los daños sufridos por el empleador, en este caso, por el abono de los desembolsos adicionales derivados del retraso que han tenido que hacer sus empleados.

> «(...) pese a no contemplar expresamente la responsabilidad del transportista aéreo frente a un empleador, como el del litigio principal, por el daño ocasionado a consecuencia de un retraso en un vuelo efectuado en virtud de un contrato de transporte internacional celebrado entre ambos, el artículo 19 del Convenio de Montreal puede interpretarse en el sentido de que no sólo comprende el daño ocasionado a un pasajero, sino también el sufrido por tal empleador».

Además, cabe vincular la responsabilidad del transportista aéreo a la existencia del contrato de transporte, independientemente de si la otra parte del mismo es el pasajero o no, lo cual será irrelevante a la hora de fijar aquella, por lo tanto:

> «(...) se deduce que procede responder a la primera cuestión que el Convenio de Montreal, en particular sus artículos 19, 22 y 29, debe interpretarse en el sentido de que un transportista aéreo que haya celebrado un contrato de transporte internacional de personas con el empleador de los pasajeros, como es el caso del litigio principal, está obligado a responder frente a dicho empleador del daño ocasionado por el retraso en los vuelos efectuados por los empleados de éste en virtud del expresado contrato y derivado de los gastos adicionales soportados».

En lo que se refiere al límite de responsabilidad del transportista, a pesar de que el Convenio de Montreal alude a la imposición de un límite de responsabilidad «por pasajero», cabe señalar, en este caso, que «(...) la cuantía que puede reconocerse, en concepto de indemnización de daños, a la persona que, como en el litigio principal, ejerce una acción de indemnización del daño causado por un retraso en el transporte internacional de pasajeros no puede exceder en ningún caso del resultado de multiplicar el importe fijado en el artículo 22, apartado 1, del Convenio de Montreal como límite máximo, por el número de pasajeros transportados en virtud del contrato celebrado entre esa persona y el o los transportistas aéreos de que se trate».

En conclusión, nada impide que la indemnización reclamada por el empleador sea superior a la que podrían haber reclamado cada uno de los empleados afectados si hubieran ejercido sus acciones legales por separado, si bien la indemnización concedida a aquel no podrá exceder de la suma de las que, en su caso, se habrían reconocido a los pasajeros por separado.

Caso práctico | Reclamación por retraso de vuelo por presencia de combustible en la pista

PLANTEAMIENTO

«A» reservó un vuelo para el 25 de mayo de 2019 con la compañía «X» desde España con destino a Francia. El vuelo se realizó el 25 de mayo, pero con un retraso de 4 horas y 30 minutos. El retraso se debió a presencia de combustible en la pista de aterrizaje del aeropuerto francés, lo que provocó el cierre de la referida pista y como consecuencia el retraso del vuelo en el que embarcaba «A».

Cabe señalar que el combustible derramado provenía de una aeronave que no pertenecía a la flota de la compañía «X».

A causa del retraso «A» reclamó a la compañía 250 euros en concepto de compensación establecida en el artículo 5 del Reglamento (CE) n.º 261/2004, de 11 de febrero de 2004. «X» se niega a abonar tal compensación alegando que el retraso del vuelo fue debido a una circunstancia extraordinaria.

¿La pretensión de «A» tendrá éxito en los tribunales?

RESPUESTA

La cuestión principal a analizar para dar respuesta a este caso es si la presencia de combustible en una de las pistas del aeropuerto, causante del retraso, puede calificarse de circunstancia extraordinaria.

En primer lugar, cabe indicar que los considerandos 14 y 15 así como el artículo 5.3 del Reglamento (CE) n.º 261/2004, de 11 de febrero de 2004, disponen que el transportista aéreo está exento de su obligación de compensar a los pasajeros conforme al artículo 7 del citado reglamento, si puede probar que la cancelación o el retraso igual o superior a 3 horas a la llegada se debe a circunstancias extraordinarias que no podrían haberse evitado incluso si se hubieran tomado todas las medidas razonables o, en el supuesto de que se produzca una circunstancia extraordinaria, que adoptó las medidas adaptadas a la situación, utilizando todo el personal o el material y los medios económicos de que disponía, a fin de evitar que esa circunstancia provocara la cancelación o un gran retraso del vuelo de que se trataba.

En este sentido cabe citar, por analogía, la **sentencia del Tribunal de Justicia de la Unión Europea n.º C-159/18, de 26 de junio de 2019, ECLI:EU:C:2019:535**, que argumenta lo siguiente:

– La presencia de combustible en una pista de un aeropuerto que cause el cierre de una pista y, en consecuencia, provoque un gran retraso en un vuelo, debe estar comprendida en el concepto de circunstancia extraordinaria, siempre y cuando, el combustible no proceda de la aeronave del transportista encargado de realizar el vuelo, ya que tal circunstancia no puede considerarse intrínsecamente ligada al funcionamiento de la aeronave que ha realizado el vuelo.

– Tal circunstancia no puede considerarse inherente, por su naturaleza o su origen, al ejercicio normal de la actividad del transportista aéreo de que se trate.

– Dicha circunstancia escapa al control efectivo del transportista aéreo, pues el mantenimiento de las pistas no es en modo alguno competencia suya.

En definitiva, la presencia de combustible en una pista de un aeropuerto que provoque el cierre de esa pista, y, en consecuencia, un gran retraso en un vuelo debe calificarse de circunstancia extraordinaria y que no podía haberse evitado incluso si se hubieran tomado todas las medidas razonables, por lo que el transportista aéreo «X» en este caso está exento de compensar a «A».

Caso práctico | Compensación en caso de denegación de embarque. Pérdida de salario

PLANTEAMIENTO

«A» ha adquirido un billete de avión para regresar al lugar donde reside y trabaja. Presentado en el aeropuerto para el embarque se le comunica la denegación del mismo por falta de sitio en el avión. Acto seguido se le ofrece la posibilidad de volar en otro vuelo de la misma compañía cuatro días más tarde de lo previsto acompañando a aquel ofrecimiento la compensación contemplada para estos casos en el Reglamento (CE) n.º 261/2004, de 11 de febrero de 2004.

«A» no considera suficiente aquella compensación, toda vez que entiende que no alcanza para cubrir todo lo que le supuso el cambio de vuelo, pues además de cambiar el día de regreso y los gastos originados por ello, no pudo reincorporarse a su puesto de trabajo cuando debía hacerlo. Es por ello que no ha percibido el salario correspondiente a esos días de retraso.

A efectos de efectuar la reclamación correspondiente, ¿se entiende incluida la pérdida de salario dentro de la compensación ofrecida o puede «A» reclamar una compensación suplementaria para cubrir esa pérdida?

RESPUESTA

Resulta, en este caso, interesante la **sentencia del Tribunal de Justicia de la Unión Europea n.º C-354/18, de 29 de julio de 2019, ECLI:EU:C:2019:637**, y debe tenerse en cuenta el artículo 7 del Reglamento (CE) n.º 261/2004, de 11 de febrero de 2004, relativo al derecho de compensación en los casos de denegación de embarque, cancelación o retraso de un vuelo, así como, el artículo 12 del mismo relativo a la compensación suplementaria que, sin perjuicio de la prevista en el reglamento, puede corresponder a los pasajeros.

El Reglamento (CE) n.º 261/2004, de 11 de febrero de 2004, pretende garantizar un nivel elevado de protección de los pasajeros aéreos, con independencia de que se les haya denegado el embarque o se haya cancelado o retrasado su vuelo, puesto que todos se ven confrontados a similares trastornos y molestias graves en relación con el transporte aéreo. En este sentido, regula la citada compensación inmediata a los pasajeros —en su artículo 7— cuyo importe varía en función de la distancia del vuelo.

Los importes que fija pretenden compensar, de forma estandarizada e inmediata los perjuicios constituidos por las molestias que ocasiona, por lo que atañe a este caso, la denegación de embarque en el transporte aéreo de pasajeros, sin necesidad de que estos deban padecer los inconvenientes que lleva consigo la reclamación de indemnizaciones ante los tribunales competentes. En efecto, el propio artículo 4.3 del Reglamento (CE) n.º 261/2004, de 11 de febrero de 2004, exige, al transportista aéreo de que se trate, que compense de manera inmediata a los pasajeros a los que haya denegado el embarque contra su voluntad.

No obstante, los importes anteriores solo compensan los perjuicios que son prácticamente idénticos para todos los pasajeros afectados. En cambio, el Reglamento no establece la compensación de perjuicios individuales, inherentes al motivo del desplazamiento de los pasajeros afectados, cuya reparación exige una apreciación caso por caso del alcance de los daños ocasionados, y solo puede, en consecuencia, ser objeto de una indemnización *a posteriori* e individualizada.

Pues bien, en el caso que nos ocupa, «A» ha sufrido, como consecuencia de la denegación de embarque, una pérdida de salario provocada por la imposibilidad de acudir a su puesto de trabajo debido a la llegada tardía a su destino, tal pérdida de salario debe considerarse un perjuicio individual inherente a la situación concreta del pasajero afectado, no incluyéndose, por tanto, en la compensación del citado artículo 7 del Reglamento (CE) n.º 261/2004, de 11 de febrero de 2004.

A la vista de lo anterior, resta determinar, entonces, si la pérdida de salario puede ser cubierta con una compensación suplementaria. Del tenor literal del artículo 12 del Reglamento (CE) n.º 261/2004, de 11 de febrero de 2004, resulta que el mismo no es óbice para que un pasajero afectado pueda ser compensado por un perjuicio específico que se le haya causado, y que este debe apreciarse individualmente y *a posteriori*, en la medida en que el derecho nacional o el derecho internacional le concedan el derecho a tal compensación, siempre que sea suplementaria a la compensación prevista por el Reglamento.

Ahora bien, señala el TJUE que «(...) una compensación debe considerarse suplementaria, en el sentido del artículo 12, apartado 1, del Reglamento n.º 261/2004, cuando ha sido causada por una de las situaciones, previstas en el artículo 1, apartado 1, de ese Reglamento, y provoca molestias que se compensan de manera inmediata y estandarizada con arreglo al referido Reglamento».

Cumplido lo anterior, en el presente caso, siendo la pérdida de salario de «A» una circunstancia específica suya, que se aprecia individualmente y *a posteriori* y, además, que trae causa en la denegación de embarque contra su voluntad, cabe concluir que se trata de un perjuicio que **sí puede ser objeto de compensación suplementaria** y que le corresponderá al órgano jurisdiccional nacional de que se trate determinar los elementos constitutivos del perjuicio, así como la cuantía de su compensación, de conformidad con la normativa aplicable.

Caso práctico | Gran retraso por falta de personal para la carga de equipajes

PLANTEAMIENTO

«A» compra un vuelo para el 4 de julio de 2021 con salida desde Alemania con destino a Grecia, el cual sufrió un retraso de 3 horas y 49 minutos en la llegada a su destino.

El retraso se debió, entre otras circunstancias, a que el vuelo anterior ya había sufrido un retraso de una hora y 17 minutos debido a la falta de personal encargado de la facturación de los pasajeros, y por otro lado, la carga en el avión fue ralentizada, ya que el personal del operador del aeropuerto, responsable de ese servicio, era insuficiente, lo que dio lugar a un retraso adicional de 2 horas y 13 minutos, y además las condiciones meteorológicas surgidas tras el cierre de las puertas provocaron un nuevo retraso de 19 minutos en el despegue.

¿La aerolínea adoptó las medidas razonables para evitar las consecuencias del retraso? ¿Existe derecho de compensación?

RESPUESTA

El **artículo 5.3 del Reglamento 261/2004, de 11 de febrero**, señala que el transportista aéreo no está obligado a pagar una compensación si puede probar que la cancelación o el gran retraso se deben a circunstancias extraordinarias inevitables, es decir, que podrían haberse evitado incluso si se hubieran tomado todas las medidas razonables.

La sentencia del **TJUE asunto n.º C-405/23, de 16 de mayo de 2024, ECLI:EU:C:2024:408**, que utilizaremos a modo de ejemplo para resolver el presente caso, entiende que el acontecimiento que genere el gran retraso en un vuelo de escapar al control efectivo del transportista aéreo encargado de efectuar el vuelo en cuestión procede recordar que los acontecimientos cuyo origen es interno deben distinguirse de aquellos cuyo origen es externo a este transportista aéreo.

Así, determina la mencionada sentencia:

> «Así pues, están comprendidos en este concepto, en cuanto acontecimientos "externos", aquellos acontecimientos que resultan de la actividad del transportista aéreo y de circunstancias externas, más o menos frecuentes en la práctica, pero que el transportista aéreo no controla porque su origen es un hecho natural o el de un tercero, como otro transportista aéreo o un sujeto público o privado que interfiere en la actividad aérea o aeroportuaria. Así sucede, en particular, cuando el sistema de suministro de combustible de un aeropuerto gestionado por el gestor de este o por un tercero sufre un fallo generalizado».

Por lo tanto, en este caso el transportista aéreo podría haber evitado el retraso observado en la carga del equipaje, por ejemplo, recurriendo para esa operación a los servicios de otro que dispusiera de capacidad suficiente para prestar esos servicios sin demora, en el momento en que sabía o debería haber sabido que el operador del aeropuerto carecería de tales capacidades.

En conclusión, el mencionado artículo 5.3 del **Reglamento 261/2004, de 11 de febrero**, debe interpretarse en el sentido de que el hecho de que el personal del operador del aeropuerto responsable de las operaciones de carga de equipajes en las aeronaves sea insuficiente, puede constituir una circunstancia extraordinaria en el sentido de dicho artículo, si bien, para quedar exento de la obligación de compensar a los pasajeros, el transportista aéreo cuyo vuelo sufrió un gran retraso debe demostrar que tal circunstancia extraordinaria no habría podido evitarse incluso si se hubieran tomado todas las medidas razonables y que adoptó las medidas adaptadas a la situación capaces de evitar las consecuencias de esta.

Caso práctico | ¿Los defectos técnicos de una aeronave se consideran circunstancias extraordinarias que eximen de responsabilidad?

PLANTEAMIENTO

«X» contrata un vuelo a la compañía «Y». Llegada la fecha, el vuelo es cancelado por un fallo técnico en la aeronave que iba a operarlo, y «X» es reubicado en otro vuelo por lo que ve retrasada la hora de llegada a su destino por más de 3 horas.

¿Puede «X» reclamar una compensación a la compañía «Y» por la cancelación del vuelo y el retraso sufrido?

En estos casos de fallo técnico o avería de la aeronave ¿puede quedar la compañía aérea exenta de responsabilidad por entender que se trata de circunstancias extraordinarias?

Si se trata de un vicio oculto ¿responderá la compañía aérea?

RESPUESTA

Para dar respuesta a este caso resultan interesantes las sentencias del Tribunal de Justicia de la Unión Europea n.º C-385/23, de 13 de junio de 2024, ECLI:EU:C:2024:497, y n.º C-411/23, de 13 de junio de 2024, ECLI:EU:C:2024:498.

La cancelación de un vuelo, así como la producción de un gran retraso —igual o superior a 3 horas—, dan lugar a una compensación a cargo del transportista aéreo en los términos previstos en el artículo 5.1.c), en relación con el artículo 7, ambos del Reglamento (CE) n.º 261/2004 del Parlamento Europeo y del Consejo de 11 de febrero de 2004, salvo que se haya informado previamente de la cancelación en los plazos y términos previstos en el citado artículo 5.

> **A TENER EN CUENTA.** La jurisprudencia europea ha equiparado el gran retraso a la cancelación del vuelo a efectos de la compensación de los pasajeros. Así lo recuerda la **STJUE n.º C-411/23, de 13 de junio de 2024, ECLI:EU:C:2024:498**, cuando dice:
>
> *«(...) los pasajeros de los vuelos retrasados pueden equipararse a los pasajeros de los vuelos cancelados a los efectos de la aplicación del derecho a compensación y que, por lo tanto, pueden invocar el derecho a compensación previsto en el artículo 7 de dicho Reglamento cuando soportan, en relación con el vuelo que sufre el retraso, una pérdida de tiempo igual o superior a tres horas, es decir, cuando llegan al destino final tres o más horas después de la hora de llegada inicialmente prevista por el transportista aéreo (véase, en este sentido, la sentencia de 19 de noviembre de 2009, Sturgeon y otros, C 402/07 y C 432/07, EU:C:2009:716, apartado 69)».*

El derecho a la compensación se genera siempre y cuando no se acredite que la cancelación deriva de la concurrencia de circunstancias extraordinarias que no pudieron evitarse incluso adoptando todas las medidas razonables [art. 5.3 del Reglamento (CE) n.º 261/2004 del Parlamento Europeo y del Consejo de 11 de febrero de 2004]. Pues bien, en este caso resulta claro el derecho de «X» a la compensación, pero habrá que ver si «Y» puede exonerarse de responsabilidad por la concurrencia de circunstancias extraordinarias, es decir, si los fallos técnicos de la aeronave tienen esta consideración.

La jurisprudencia europea define las circunstancias extraordinarias como «(...) acontecimientos que, por su naturaleza o su origen, no son inherentes al ejercicio normal de la actividad del transportista aéreo afectado y escapan al control efectivo de este, siendo estos dos requisitos acumulativos y debiendo apreciarse su concurrencia caso por caso (...)» (**STJUE n.º C-385/23, de 13 de junio de 2024, ECLI:EU:C:2024:497**).

Para que los fallos técnicos o averías de la aeronave queden fuera de la responsabilidad de la compañía aérea han de reunir los dos requisitos acumulativos citados, en caso contrario no serían circunstancias extraordinarias.

Como regla general se considerará que los problemas técnicos y averías de las aeronaves son inherentes al ejercicio normal de la actividad del transportista aéreo. Así, de las referidas sentencias, se infiere:

> «(...) A este respecto, el Tribunal de Justicia declaró que, habida cuenta de las circunstancias particulares en las que se efectúa el transporte aéreo y del grado de sofisticación tecnológica de los aparatos, en el ejercicio de su actividad, los transportistas aéreos tienen que hacer frente con frecuencia a problemas técnicos, averías o a la deficiencia prematura e imprevista de determinadas piezas de una aeronave que son consecuencia inevitable del funcionamiento de los aviones (véase, en este sentido, la sentencia de 4 de abril de 2019, Germanwings, C 501/17, EU:C:2019:288, apartado 22 y jurisprudencia citada).
>
> 32 De ello se desprende que la resolución de un problema técnico derivado de una avería, de la falta de mantenimiento de un aparato o de la deficiencia prematura e imprevista de algunas piezas de una aeronave se considera inherente al ejercicio normal de la actividad del transportista aéreo (véanse, en este sentido, las sentencias de 22 de diciembre de 2008, Wallentin-Hermann, C 549/07, EU:C:2008:771, apartado 25; de 17 de septiembre de 2015, Van der Lans, C 257/14, EU:C:2015:618, apartados 41 y 42, y de 12 de marzo de 2020, Finnair, C 832/18, EU:C:2020:204, apartado 41).
>
> 33 No obstante, no es inherente al ejercicio normal de la actividad del transportista aéreo y, por tanto, puede estar comprendida en el concepto de "circunstancias extraordinarias" la deficiencia técnica respecto de la cual el fabricante de los aparatos que integran la flota del transportista aéreo interesado, o una autoridad competente, ponga de manifiesto, tras la puesta en servicio de los aparatos, que estos adolecen de un vicio oculto de diseño que afecta a la seguridad de los vuelos (véanse, en este sentido, las sentencias de 22 de diciembre de 2008, Wallentin-Hermann, C 549/07, EU:C:2008:771, apartado 26, y de 17 de septiembre de 2015, Van der Lans, C 257/14, EU:C:2015:618, apartado 38)».

En definitiva, si el fallo técnico o avería deriva de la existencia de un vicio oculto en la aeronave sí tendrá la consideración de circunstancia extraordinaria no quedando esta calificación supeditada al momento de conocimiento de tal deficiencia técnica y, por tanto, podrá exonerarse de responsabilidad a la compañía aérea:

«(...) no se infiere que el Tribunal de Justicia haya supeditado la calificación de un vicio oculto de diseño como "circunstancias extraordinarias" al requisito de que el fabricante del avión o la autoridad competente haya revelado la existencia de ese vicio antes de que se produjera el fallo técnico causado por dicho vicio. En efecto, el momento en el que el constructor del avión, el fabricante del motor o la autoridad competente ponen de manifiesto el vínculo entre la deficiencia técnica y el vicio oculto de diseño carece de pertinencia, siempre que el vicio oculto de diseño exista en el momento de la cancelación del vuelo y el transportista no disponga de ningún medio de control para subsanarlo».

Caso práctico | Derecho de compensación por cancelación de un vuelo por falta de personal para operarlo

PLANTEAMIENTO

«A» tenía programado un viaje, pero llegada la fecha de salida del vuelo este es cancelado por el fallecimiento repentino de uno de los integrantes de la tripulación. La compañía aérea encargada de operarlo alega que la cancelación se debió a «circunstancias extraordinarias» dado que, por el carácter repentino y próximo a la hora programada del vuelo del fallecimiento referido, le fue imposible reemplazar a la tripulación y operar el vuelo con normalidad.

«A» llegó finalmente a su destino con más de 10 horas de retraso.

¿Tiene «A» derecho a recibir compensación por parte de la compañía aérea en base a los artículos 5.1.c) y 7 del Reglamento (CE) n.º 261/2004 del Parlamento Europeo y del Consejo de 11 de febrero de 2004?

¿Constituye el fallecimiento repentino e imprevisible de un miembro de la tripulación una circunstancia extraordinaria exoneratoria de responsabilidad en los términos del artículo 5.3 del Reglamento (CE) n.º 261/2004 del Parlamento Europeo y del Consejo de 11 de febrero de 2004?

RESPUESTA

El artículo 5.1, letra c), del Reglamento (CE) n.º 261/2004 del Parlamento Europeo y del Consejo de 11 de febrero de 2004, contempla el derecho de los pasajeros afectados por la cancelación de un vuelo a recibir una compensación por parte del transportista aéreo encargado de efectuar aquel.

Por otro lado, el artículo 5.3 de la misma norma establece como exención al pago de la compensación por el transportista aéreo el caso en que la cancelación se deba a circunstancias extraordinarias que no podrían haberse evitado incluso si se hubieran adoptado todas las medidas razonables.

En este caso, partiendo del citado derecho a compensación cabe analizar si la eventualidad ocurrida entra dentro del concepto de circunstancias extraordinarias exoneratorias de responsabilidad por parte de la compañía aérea.

La jurisprudencia europea define las circunstancias extraordinarias como aquellos acontecimientos que, por su naturaleza o su origen, reúnen acumulativamente los dos requisitos siguientes:

– No son inherentes al ejercicio normal de la actividad del transportista aéreo afectado.

– Escapan al control efectivo del transportista aéreo afectado.

Habrá que examinar el caso concreto, si bien el concepto de circunstancias extraordinarias debe interpretarse de forma estricta.

Así pues, por lo que al fallecimiento o enfermedad imprevistas y repentinas de un miembro de la tripulación se refiere, cabe traer a colación la **STJUE n.º C-156/22 a C-158/22, de 11 de mayo de 2023, ECLI:EU:C:2023:393**, conforme a la cual:

> «(...) A este respecto, procede señalar que **las medidas relativas al personal del transportista aéreo encargado de efectuar un vuelo forman parte del ejercicio normal de las actividades de este**. Así sucede con las medidas relativas a las condiciones de trabajo y de retribución del personal de tal transportista (sentencia de 23 de marzo de 2021, Airhelp, C 28/20, EU:C:2021:226, apartado 29), entre las que se incluyen las medidas relativas a la planificación de las tripulaciones y de los horarios de trabajo del personal.
>
> 22 Por consiguiente, los transportistas aéreos encargados de efectuar un vuelo **pueden encontrarse normalmente, en el ejercicio de su actividad, ante la ausencia imprevista, por enfermedad o fallecimiento, de uno o varios miembros del personal indispensables para realizar un vuelo**, incluso poco tiempo antes de su salida. Por tanto, la gestión de esa ausencia sigue **estando intrínsecamente ligada a la cuestión de la planificación de la tripulación y de los horarios de trabajo del personal**, de modo que tal suceso imprevisto es inherente al ejercicio normal de la actividad del transportista aéreo encargado de efectuar el vuelo».

Y concluye el TJUE:

> «El artículo 5, apartado 3, del Reglamento (CE) n.o 261/2004 del Parlamento Europeo y del Consejo, de 11 de febrero de 2004, por el que se establecen normas comunes sobre compensación y asistencia a los pasajeros aéreos en caso de denegación de embarque y de cancelación o gran retraso de los vuelos, y se deroga el Reglamento (CEE) n.o 295/91, debe interpretarse en el sentido de que **la ausencia imprevista, por enfermedad o fallecimiento, de un miembro de la tripulación indispensable para realizar un vuelo, acaecida poco tiempo antes de la salida prevista de ese vuelo, no está comprendida en el concepto de "circunstancias extraordinarias"**, en el sentido de dicha disposición».

En definitiva, «A» tendrá derecho a la compensación prevista en el Reglamento (CE) n.º 261/2004 del Parlamento Europeo y del Consejo de 11 de febrero de 2004, toda vez que la eventualidad acaecida forma parte de ejercicio normal de la actividad del transportista y no entra dentro del concepto de circunstancia extraordinaria que podría exonerar de responsabilidad a la compañía aérea.

Caso práctico | ¿Cómo se debe proceder en caso de pérdida de equipaje en un vuelo?

PLANTEAMIENTO

«A», pasajero del vuelo «X», tras llegar a su destino se da cuenta de que su equipaje no ha llegado.

«A» se dirige al mostrador de la compañía aérea y reporta la incidencia solicitando el «parte de irregularidad de equipaje» (PIR), el cual le es entregado después de verificarse la falta de su equipaje.

A los 15 días la compañía le informa que su equipaje ha sido encontrado, pero no llega a su destino hasta pasados 22 días. Durante este tiempo, «A» incurre en gastos adicionales debido a la falta de sus pertenencias. Una vez que su equipaje es finalmente entregado, comprueba que algunas de sus pertenencias de gran valor no están, se han extraviado. Decidido a reclamar la indemnización correspondiente por los daños y el retraso en la entrega de su equipaje, «A» se pregunta:

1. ¿Cuál es el procedimiento adecuado para reclamar a la compañía aérea?

2. ¿Cuál es el plazo para reclamar?

3. ¿Cuál es la compensación que puede recibir?

4. ¿Qué sucede con la pérdida de pertenencias de gran valor contenidas en el equipaje? ¿Existe compensación adicional en estos casos?

RESPUESTA

En cuanto a las incidencias relativas al equipaje —destrucción, pérdida, avería o retraso— hay que tener en cuenta el Convenio de Montreal de 28 de mayo de 1999. Así, reconoce el artículo 17.2 del mismo la responsabilidad del transportista por los daños causados en caso de destrucción, pérdida o avería del equipaje, añadiendo el apartado 3 del mismo precepto que el pasajero podrá hacer valer sus derechos contra el transportista una vez este admita la pérdida del equipaje o cuando este no llega tras 21 días desde la fecha en que debería haber llegado.

Por lo que se refiere al procedimiento, el primer paso es la comunicación de la incidencia como efectivamente hace «A». Hecho esto y emitido el PIR, debe «A» presentar una reclamación formal a la compañía aérea por escrito y con copia del PIR, si aun así no se soluciona la incidencia podrá «A» acudir a los tribunales con esta finalidad ejercitando la acción que corresponda.

En relación con los plazos para reclamar, cabe señalar que para la reclamación formal ante la compañía aérea el plazo será:

- Por retraso en el equipaje: a más tardar en el plazo de 21 días a partir de la fecha en que el equipaje sea puesto a disposición del pasajero.

– Por pérdida del equipaje: no se prevé plazo específico, pero se recomienda que se haga la reclamación lo antes posible transcurrido el plazo de 21 días previsto para el retraso o desde que exista confirmación por la compañía de que se ha perdido.

Por otro lado, cuando así proceda, la reclamación ante los tribunales deberá hacerse en el plazo de dos años desde la fecha de llegada a destino o desde el día en que debería haber llegado el equipaje (art. 35 del Convenio de Montreal).

«A» tendrá derecho a la compensación prevista en el artículo 22 del Convenio de Montreal, que en su apartado 2 limita la responsabilidad del transportista en caso de destrucción, pérdida, avería o retraso del equipaje a 1288 derechos especiales de giro por pasajero.

En este caso, «A» declara la pérdida de pertenencias de gran valor contenidas en el equipaje, pero el límite de responsabilidad del transportista es el señalado y no le cubre el importe de aquella. Pues bien, «A» podría tener derecho a una compensación superior por aquella pérdida si se hubiese fijado un límite superior a la responsabilidad del transportista, para ello debería haber hecho una declaración especial del valor de la entrega del equipaje en el lugar de destino pagando una suma suplementaria. Esto no consta en este caso por lo que no existe para «A» compensación adicional por la pérdida de parte del equipaje sufrida.

Resulta interesante en este punto traer a colación la **sentencia de la Audiencia Provincial de Granada n.º 697/2022, de 17 de octubre, ECLI:ES:APGR:2022:1503**, conforme a la cual:

> «Para que el compañía aérea responda por la pérdida del equipaje por importe superior al límite fijado en el Convenio es necesario que el pasajero, al entregarle al transportista el equipaje facturado, hubiera efectuado una declaración especial del valor de la entrega del equipaje en el lugar de destino.
>
> Cuando se efectúa esa declaración especial de valor, la suma declarada se convierte en el límite de la indemnización -salvo que pruebe que este importe es superior al valor real de la entrega en el lugar de destino para el pasajero-, por ello, en caso de realizarse la declaración de valor el transportista tiene derecho a exigir una suma suplementaria».

Caso práctico | ¿Existe derecho de compensación por la cancelación de un vuelo en caso de huelga de los pilotos?

PLANTEAMIENTO

«A» tiene programado un vuelo con la compañía aérea «XYZ». Llegado el día se presenta en el aeropuerto y se entera de que el vuelo ha sido cancelado por la huelga convocada, cumpliendo con todos los requisitos legales, por los pilotos de la compañía, quienes exigen mejores condiciones laborales y salariales.

¿Tiene «A» derecho a recibir una compensación por la cancelación del vuelo?

¿Tiene la huelga de los pilotos de la compañía la condición de circunstancia extraordinaria exoneratoria de responsabilidad del transportista?

RESPUESTA

El Reglamento (CE) n.º 261/2004 del Parlamento Europeo y del Consejo, de 11 de febrero de 2004, en su considerando 14, hace referencia a la exclusión de responsabilidad del transportista aéreo en el caso de que concurran circunstancias extraordinarias y enumera, a título ejemplificativo, algunos supuestos, entre ellos, las huelgas que afecten a las operaciones de un transportista aéreo encargado de efectuar un vuelo.

La mención anterior no supone que las huelgas constituyan automáticamente circunstancias extraordinarias exoneratorias de la obligación de compensar al pasajero que se ve afectado en su vuelo por ellas, será necesario que la huelga se ajuste al concepto de circunstancia extraordinaria derivado del artículo 5.3 del Reglamento (CE) n.º 261/2004 del Parlamento Europeo y del Consejo, de 11 de febrero de 2004.

Por lo tanto, en este caso, para que la huelga de pilotos referida excluya de responsabilidad a la compañía aérea es necesario que se trate de un acontecimiento que, en el caso concreto, por su naturaleza u origen, no sea inherente al ejercicio normal de la actividad del transportista aéreo afectado y escape al control efectivo de este (**STJUE n.º C-613/20, de 6 de octubre de 2021, ECLI:EU:C:2021:820**).

En el caso de una huelga de pilotos debidamente convocada y que se ajusta a todos los requisitos legales, como se da en este supuesto, cabe entender que no puede considerarse como circunstancia extraordinaria. Para llegar a esta conclusión resulta interesante la **STJUE n.º C-28/20, de 23 de marzo de 2021, ECLI:EU:C:2021:226**, de la que se infiere:

«(...) una huelga cuyo objetivo se limita a obtener de una empresa de transporte aéreo un aumento del salario de los pilotos, una modificación de sus horarios de trabajo y una mayor previsibilidad del tiempo de trabajo constituye un acontecimiento inherente al ejercicio normal de la actividad de dicha empresa, en particular cuando la huelga se organiza dentro del marco legal.

(...)

(...) dado que una huelga constituye un acontecimiento previsible para el empresario, este dispone, en principio, de los medios para prepararse frente a ella y, en su caso, atenuar sus consecuencias, de modo que conserva, en cierta medida, el control de los acontecimientos».

Concluyendo el TJUE:

«(...) un movimiento de huelga iniciado por un sindicato del personal de un transportista aéreo encargado de efectuar un vuelo, cumpliendo los requisitos establecidos por la legislación nacional, en particular el plazo de preaviso impuesto por esta, dirigido a hacer valer las reivindicaciones de los trabajadores de dicho transportista y seguido por una categoría de personal cuya presencia es indispensable para operar un vuelo, no está comprendido en el concepto de "circunstancia extraordinaria" (...)».

Así pues, «A» tendrá derecho a recibir la compensación correspondiente por la cancelación del vuelo que tenía programado ya que la huelga de pilotos que motiva esta eventualidad no tiene la consideración de circunstancia extraordinaria exoneratoria de responsabilidad del transportista aéreo.

Finalmente, el derecho a ser compensado por la cancelación del vuelo se prevé en el artículo 5.1, letra c), del Reglamento (CE) n.º 261/2004 del Parlamento Europeo y del Consejo, de 11 de febrero de 2004, con la excepción de los casos en que se informe de la cancelación en los plazos y formas en él indicados. En cuanto a la cantidad de la indemnización se estará a lo dispuesto en el artículo 7 del citado Reglamento.

ANEXO II.
FORMULARIOS

Escrito de reclamación a compañía aérea por pérdida de equipaje

Datos compañía aérea

[NOMBRE EMPRESA]

[DOMICILIO SOCIAL]

Datos usuario

Don/Doña [NOMBRE]

[DOMICILIO]

[NÚM. TLF.]

[CORREO ELECTRÓNICO]

En [CIUDAD] a [DÍA] de [MES] de [AÑO]

Al Departamento de Atención al Cliente:

PRIMERO.- Con [FECHA], adquirí un billete de avión con la compañía aérea [NOMBRE EMPRESA], con el siguiente plan de viaje:

– Salida [FECHA], aeropuerto de origen [NOMBRE] de [CIUDAD].

– Llegada [FECHA], aeropuerto de destino [NOMBRE] de [CIUDAD].

El billete fue abonado mediante tarjeta de débito n.º [NÚMERO] de la entidad de crédito [NOMBRE], como así queda acreditado en la copia de la reserva del vuelo, y extracto de la cuenta bancaria, que se adjuntan a la presente reclamación como **documentos n.º** [NUMERO].

SEGUNDO.- En el aeropuerto de origen, el día de salida de mi vuelo, facturé mi equipaje, con mis enseres personales, como así queda acreditado en el adhesivo identificativo de la facturación aportado por la compañía aérea.

Se adjunta como **documento n.º** [NÚMERO].

TERCERO.- Una vez llegado al aeropuerto de destino, comprobé que mi equipaje no aparecía en la cinta correspondiente de recogida de equipajes, por lo que procedí a interponer una reclamación a la compañía aérea en el propio aeropuerto, cumplimentando el impreso denominado «Parte de Irregularidad de Equipaje (P.I.R.)».

Se adjunta como **documento n.º** [NÚMERO].

CUARTO.- Tras haber transcurrido el plazo de 21 días siguientes a la fecha en que debería haber recibido el equipaje para ser considerado perdido, presento reclamación por el importe de los enseres que iban dentro de mi equipaje, según copia de las facturas de compras que presento como documento n.º [NÚMERO], junto con la factura de compra de la maleta perdida, como documento n.º [NÚMERO].

QUINTO.- De acuerdo con el **artículo 17 del Convenio de Montreal**:

«El transportista es responsable del daño causado en caso de destrucción, pérdida o avería del equipaje facturado por la sola razón de que el hecho que causó la destrucción, pérdida o avería se haya producido a bordo de la aeronave o durante cualquier período en que el equipaje facturado se hallase bajo la custodia del transportista. (...)».

Además, el art. 22 de la misma norma, cuantifica la responsabilidad por destrucción, pérdida, avería o retraso del equipaje limitándola a 1.288 derechos especiales de giro (DEG) por pasajero (salvo declaración especial de valor), de acuerdo a la modificación operada por la Enmienda a los artículos 21 y 22 del Convenio para la unificación de ciertas reglas para el Transporte Aéreo Internacional, hecho en Montreal el 28 de mayo de 1999, publicada en el BOE el 16 de julio de 2020.

Por todo ello, y por el cumplimiento defectuoso por parte de la compañía aérea del contrato de transporte concertado, y por el que se ha perdido mi equipaje, solicito de la misma, el abono de [CANTIDAD] euros, en concepto de indemnización por daños y perjuicios por [DESCRIPCIÓN].

En el supuesto de que, en el plazo de 20 días, hagan caso omiso o denieguen mi solicitud, me veré obligado a ejercitar las oportunas acciones legales en defensa de mis intereses.

A la espera de su urgente respuesta, les saluda atentamente.

[FIRMA]

Escrito de reclamación a compañía aérea por daños en equipaje

Datos compañía aérea

[NOMBRE EMPRESA]

[DOMICILIO SOCIAL]

Datos usuario

Don/Doña [NOMBRE]

[DOMICILIO]

[NÚM. TLF.]

[CORREO ELECTRÓNICO]

En [CIUDAD] a [DÍA] de [MES] de [AÑO]

Al Departamento de Atención al Cliente:

PRIMERO.- Con [FECHA], adquirí un billete de avión con la compañía aérea [NOMBRE EMPRESA], con el siguiente plan de viaje:

- Salida [FECHA], aeropuerto de origen [NOMBRE] de [CIUDAD].
- Llegada [FECHA], aeropuerto de destino [NOMBRE] de [CIUDAD].

El billete fue abonado mediante tarjeta de débito n.º [NÚMERO] de la entidad de crédito [NOMBRE], como así queda acreditado en la copia de la reserva del vuelo, y extracto de la cuenta bancaria, que se adjuntan a la presente reclamación como **documentos n.º** [NÚMERO] y [NÚMERO].

SEGUNDO.- En el aeropuerto de origen, el día de salida de mi vuelo, facturé mi equipaje, con mis enseres personales, como así queda acreditado en el adhesivo identificativo de la facturación aportado por la compañía aérea.

Se adjunta como **documento n.º** [NÚMERO].

TERCERO.- Una vez llegado al aeropuerto de destino, comprobé que mi equipaje había llegado deteriorado con los siguientes daños: [DESCRIPCIÓN].

Por ello, procedí a interponer una reclamación a la compañía aérea en el propio aeropuerto, cumplimentando el impreso denominado «Parte de Irregularidad de Equipaje (P.I.R.)».

Se adjunta como **documento n.º** [NÚMERO].

CUARTO.- Con la presente reclamación, procedo a reclamar lo siguiente:

- Cantidad de [CANTIDAD] euros, por la compra de la maleta dañada, acreditando copia de la factura de compra como documento n.º [NÚMERO].
- (Otros) [ESPECIFICAR].

QUINTO.- De acuerdo con el artículo 17 del Convenio de Montreal:

> «El transportista es responsable del daño causado en caso de destrucción, pérdida o avería del equipaje facturado por la sola razón de que el hecho que causó la destrucción, pérdida o avería se haya producido a bordo de la aeronave o durante cualquier período en que el equipaje facturado se hallase bajo la custodia del transportista. (...)».

Además, el art. 22 de la misma norma, cuantifica la responsabilidad por destrucción, pérdida, avería o retraso del equipaje limitándola a 1.288 derechos especiales de giro (DEG) por pasajero (salvo declaración especial de valor), de acuerdo a la modificación operada por la Enmienda a los artículos 21 y 22 del Convenio para la unificación de ciertas reglas para el Transporte Aéreo Internacional, hecho en Montreal el 28 de mayo de 1999, publicada en el BOE el 16 de julio de 2020.

Por todo ello, y por el cumplimiento defectuoso por parte de la compañía aérea del contrato de transporte concertado, y por el que se ha perdido mi equipaje, solicito de la misma, el abono de [CANTIDAD] euros, en concepto de indemnización por daños y perjuicios por [DESCRIPCIÓN].

En el supuesto de que, en el plazo de 20 días, hagan caso omiso o denieguen mi solicitud, me veré obligado a ejercitar las oportunas acciones legales en defensa de mis intereses.

A la espera de su urgente respuesta, les saluda atentamente.

[FIRMA]

Escrito de reclamación a compañía aérea por retraso de vuelo

Datos compañía aérea

[NOMBRE EMPRESA]

[DOMICILIO SOCIAL]

Datos usuario

Don/Doña [NOMBRE]

[DOMICILIO]

[NÚM. TELF.]

[CORREO ELECTRÓNICO]

Al Departamento de Atención al Cliente

En [CIUDAD] a [DÍA] de [MES] de [AÑO]

PRIMERO.- Con [FECHA], adquirí un billete de avión con la compañía aérea [NOMBRE_EMPRESA], con el siguiente plan de viaje:

– Salida [FECHA], Aeropuerto de origen [NOMBRE] de [CIUDAD].

– Llegada [FECHA], Aeropuerto de destino [NOMBRE] de [CIUDAD].

El billete fue abonado mediante tarjeta de débito n.º [NÚMERO] de la entidad de crédito [NOMBRE], como así queda acreditado en la copia de la reserva del vuelo, y extracto de la cuenta bancaria, que se adjuntan a la presente reclamación como documentos n.º [NÚMERO].

SEGUNDO.- En el aeropuerto de origen, el día de salida de mi vuelo, facturé mi equipaje, con mis enseres personales, como así queda acreditado en el adhesivo identificativo de la facturación aportado por la compañía aérea.

Se adjunta como **documento n.º** [NÚMERO].

TERCERO.- Llegada la hora de salida de mi vuelo, se me informa de que el mismo sufre un retraso y que se embarcará en cuanto el avión llegue al aeropuerto de salida.

CUARTO.- Tras más de 5 horas de retraso, en concreto 6 horas y 30 minutos, me comunican que el vuelo no saldrá en el día previsto, programándose para el día siguiente más de 24 horas después del horario de salida contratado.

QUINTO.- Por todo ello, me asiste el derecho al reembolso del coste íntegro del billete de avión al precio que fue adquirido, ya que el artículo 6 del Reglamento 261/2004, de 11 de febrero de 2004, reconoce el derecho para el caso de retraso de un vuelo no comprendido en la letras a y b del citado artículo de más de 5 horas, al reembolso en siete días, según las modalidades del apartado 3 del artículo 7, del coste íntegro del billete en el precio al que se compró, correspondiente a la parte o partes del viaje no efectuadas y a la parte o partes del viaje efectuadas.

Además, el artículo 12 del citado Reglamento, reconoce el derecho a una compensación suplementaria, por lo que solicito una indemnización por los daños derivados del retraso del vuelo concertado.

Para la cuantificación de la indemnización suplementaria se deberá tener en cuenta tanto los daños patrimoniales sufridos, como los daños morales.

– Daños patrimoniales [ESPECIFICAR].

Como daños morales, además del gran retraso sufrido se añadía el hecho de estar en un país extranjero, causando una ansiedad extra, por la que me encontré en una situación de desesperación.

En la **sentencia dictada por el Juzgado de lo Mercantil de Palma de Mallorca n.º 16/2007, de 19 de septiembre, ECLI:ES:JMIB:2007:296**, se reconoce el derecho a una indemnización por los daños morales sufridos:

> «Ante ello, partiendo de la realidad del retraso habido, de las circunstancias enunciadas y que de manera lógica ello comporta incomodidades, ansiedades, angustias (máxime cuando el vuelo que contratas no existe a los efectos de las autoridades reguladoras del tráfico aéreo), la parte debe acreditar que las mismas se producen con una intensidad tal que denoten una importancia notable, teniendo en cuenta que, conforme al sistema de indemnizaciones objetivas fijadas por la normativa aplicable respecto de los retrasos, el legislador ha previsto las mismas teniendo en cuenta esos factores negativos que de manera natural se producen ante este tipo de situaciones. Por tanto, la indemnización complementaria por daños morales requiere un especial acervo probatorio de esas situaciones perniciosas que se predican, sin que baste la mera alegación; se exige una prueba concreta de los hechos que se denuncian que permitan concluir al tribunal que, efectivamente, los pasajeros sufrieron una ansiedad extra, dimanante de condiciones especialmente perniciosas, derivado del tiempo, lugar, clima, etc.
>
> Acudiendo al caso de autos, partiendo de la existencia del gran retraso que ya se ha indemnizado, lo cierto es que los demandantes acreditan esa situación desesperada que se proclama, teniendo en cuenta que se encontraban en un país extranjero, con una incertidumbre de si podrían llegar a tiempo a sus conexiones en Madrid (que les permitiese acudir a sus compromisos laborales), con una aeronave sustitutiva perteneciente a una tercera compañía, incumpliendo lo que se había ofertado y contratado, en base a la propia publicidad que la empresa demandada hace de sus aviones, definiéndolos como una flota de las modernas y mejor equipadas, consistentes en aviones Airbus de distintos modelos. Ello de manera lógica, crea esa situación de angustia, a lo que se une el hecho de existir una menor entre los pasajeros afectados, en la que la desesperanza de los pasajeros se ve aumentada.
>
> En definitiva, sí que se acreditan daños morales, debiendo cuantificarse los mismos de tal intensidad que justifican las cantidades reclamadas, considerándose adecuadas a los parámetros que se han expuesto en el presente fundamento, la suma de 1.000 € por cada demandante, consi-

derando que todos ellos sufrieron la misma zozobra, el mismo desazón, la misma inquietud, y que la misma se debió a la conducta negligente de la compañía aérea.»

Por el retraso experimentado en el vuelo que me ha causado los perjuicios descritos,

Solicito a la compañía aérea [NOMBRE_EMPRESA]:

- El reembolso del coste íntegro del billete en el precio al que se compró, en concreto, [CANTIDAD] euros, pudiendo ser abonada en metálico, por transferencia bancaria electrónica, transferencia bancaria, cheque o, previo acuerdo firmado por el pasajero, bonos de viaje u otros servicios.

- El abono de una indemnización por los daños y perjuicios causados, cuantificados en la cantidad de [CANTIDAD] euros, a abonarme en la forma que ustedes crean más conveniente.

En el caso de que en el plazo de siete días previsto en el artículo 8 a) del Reglamento 261/2004, de 11 de febrero de 2004 no reciba contestación afirmativa a mi petición, me veré obligado a ejercitar las acciones judiciales que procedan en defensa de mis intereses.

A la espera de su respuesta, reciban un cordial saludo.

En [LUGAR], a [FECHA].

[FIRMA]

Demanda de juicio verbal contra compañía aérea en reclamación de cantidad por *overbooking*

AL JUZGADO DE PRIMERA INSTANCIA N.° [NÚMERO] **DE** [LOCALIDAD]

Don/Doña [NOMBRE], con DNI [DNI] y domicilio en [DOMICILIO] de [CIUDAD], actuando en nombre y representación propia, ante el juzgado comparezco y como mejor proceda en Derecho, **DIGO:**

Por medio del presente escrito vengo a formular **DEMANDA DE JUICIO VERBAL EN RECLAMACIÓN DE CANTIDAD DE** [CANTIDAD] euros contra la Compañía Aérea [NOMBRE EMPRESA] con domicilio social en [DOMICILIO SOCIAL] de [CIUDAD], en base a los siguientes,

HECHOS

PRIMERO.- En [FECHA], compré un billete de avión a la compañía aérea [NOMBRE EMPRESA] con destino a [LUGAR] en el [DÍA] de [MES] de [AÑO], con salida desde el aeropuerto de [CIUDAD] hasta el aeropuerto de [CIUDAD].

Este billete fue abonado mediante cargo en mi tarjeta de crédito [NÚMERO] de la entidad bancaria [NOMBRE EMPRESA], como se acredita en el **documento n.°** [NÚMERO] como copia de la compra del citado billete de avión y extracto de la cuenta bancaria en la que se realizó el cargo.

SEGUNDO.- Llegado el día y hora de salida de mi vuelo, la compañía aérea demandada me comunica que el avión en que iba a viajar tenía una incidencia técnica, y me reubicaron en otro vuelo, y a la hora de salida de este, se me denegó el embarque por exceso de reservas, sin ofrecer forma de viaje alternativa ni devolución del dinero pagado.

La imposibilidad de llegar a mi destino de la forma contratada me ha causado una serie de daños ascendiendo a la cantidad de [CANTIDAD] euros, como así queda acreditado en el documento que se acompaña a este escrito como **documento n.°** [NÚMERO].

TERCERO.-Tras las reclamaciones extrajudiciales presentadas ante la compañía aérea, de las cuales han hecho caso omiso, me veo en la tesitura de emprender acciones legales contra la misma, a través de la presentación de esta demanda reclamando la cantidad de [CANTIDAD] euros, de compensación y daño por cumplimiento defectuoso de contrato de transporte aéreo, contra [NOMBRE EMPRESA] líneas aéreas.

A los anteriores hechos le son de aplicación los siguientes.

FUNDAMENTOS DE DERECHO

PRIMERO.-JURISDICCIÓN Y COMPETENCIA

En cuanto a la jurisdicción, corresponde el conocimiento del pleito a los órganos jurisdiccionales ordinarios españoles, de conformidad con lo dispuesto en los artículos 117 de la Constitución Española, apartado 3; en el artículo 2 de la LOPJ, artículo 9 de la LOPJ, apartado 2 y artículo 21 de la LOPJ, apartado 1 y en el artículo 5 de la LEC y artículo 36 de la LEC.

Respecto del órgano competente para conocer del proceso, lo es el juzgado al que me dirijo, de acuerdo con el segundo párrafo del artículo 86 bis de la LOPJ, apartado 1. **(1)**

SEGUNDO.-CAPACIDAD Y LEGITIMACIÓN

Ambas partes se encuentran capacitadas y legitimadas activamente y pasivamente de acuerdo con lo previsto en el artículo 6 de la LEC, artículo 7 de la LEC y 10 de la LEC.

TERCERO.-POSTULACIÓN Y DEFENSA

Esta parte actúa en representación propia y comparecerá por sí misma, de acuerdo con lo establecido en el artículo 23 de la LEC y artículo 31 de la LEC.

CUARTO.- PROCEDIMIENTO Y CUANTÍA

De acuerdo con el artículo 250 de la LEC, apartado 2 **(2)** y artículo 437 de la LEC **(3)**, el procedimiento a seguir será el del juicio verbal al tratarse de demanda cuya cuantía es inferior a los 15.000 euros.

La cuantía queda fijada, de acuerdo con el artículo 253 de la LEC, en la cantidad de [CANTIDAD] euros.

QUINTO.- FONDO DEL ASUNTO

I.- Del principio *pro consumatore*

Este principio queda consagrado por lo estipulado en el artículo 51 de la Constitución Española, por el que «los poderes públicos garantizarán la defensa de los consumidores y usuarios, protegiendo, mediante procedimientos eficaces, la seguridad, la salud y los legítimos intereses».

II.- Cuantificación de la indemnización

El **Reglamento (CE) N.º 261/2004 de 11 de febrero de 2004** por el que se establecen normas comunes sobre compensación y asistencia a los pasajeros aéreos en caso de denegación de embarque y de cancelación o gran retraso de los vuelos, en concreto los artículos 4 (Denegación de embarque), 5 (Cancelación de vuelo), 7 (Derecho a compensación), 8 (Derecho al reembolso o a un transporte alternativo y 9 (Derecho a atención).

El objeto de dicho Reglamento es poner fin a algunas prácticas abusivas de las compañías aéreas relacionadas con la sobreventa de plazas *(overbooking)* y también la de establecer unas cuantías indemnizatorias para viajeros en los supuestos de denegación de embarque, cancelación o gran retraso en los vuelos **(sentencia del Juzgado de lo Mercantil de Murcia n.º 28/2015, de 29 de enero, ECLI:ES: JMMU:2015:830)**.

Tal y como se señala en la **sentencia dictada por la Audiencia Provincial de A Coruña n.º 321/2013 de 12 de septiembre, ECLI:ES:APC:2013:2340**:

> «(...) se ha producido una denegación de embarque contra la voluntad de los pasajeros demandantes, sin solicitar previamente voluntarios entre los pasajeros afectados que pudieran renunciar a sus reservas a cambio de determinados beneficios, en los términos fijados en el Reglamento (CE) 261/2004, haciéndo-

les soportar una situación de tal clase, frente a la cual no pueden resultar desasistidos, como así lo fueron, por cuanto el art. 4.3 dispone '...el transportista aéreo encargado de efectuar el vuelo deberá compensarles inmediatamente de conformidad con el artículo 7 y prestarles asistencia de conformidad con los artículos 8 y 9.' Y la compañía demandada no dio a los pasajeros afectados por denegación de embarque contra su voluntad, conforme a las disposiciones de Reglamento comunitario, la posibilidad de cancelar sus vuelos, con reembolso de sus billetes, o de proseguirlo en condiciones satisfactorias (art. 8), ni el derecho a ser bien atendidos mientras esperan un vuelo posterior (art. 9), tampoco ofreció el abono del derecho a compensación correspondiente (art. 7)».

Respecto al daño moral, la AP de Coruña reconoce el derecho de una indemnización, cuando:

«(...) se produce una aflicción o perturbación de entidad importante, como consecuencia de las horas de tensión, incomodidad y molestias producidas por una denegación de embarque involuntaria en un vuelo, que carece de justificación alguna, con vulneración plena de sus derechos, que suponga una demora importante en la hora de llegada a destino».

También cabe señalar la, **sentencia del Juzgado de lo Mercantil n.º 2 de Barcelona n.º 581/2022, de 28 de noviembre, ECLI:ES:JMB:2022:13329:**

«La denegación de embarque, que a diferencia de los de cancelación y de gran retraso de un vuelo, involucran sólo a algunos de los pasajeros con reserva regular en el vuelo afectado. Y que a su vez, presentan la característica, dado que la situación tendría su origen en la práctica comercial conocida como "overbooking", en atención a la máxima de la experiencia de la frecuencia del "no show passengers", de intentar maximizar la capacidad de las aeronaves y el provecho comercial, confirmando un mayor número de reservas que las que probablemente harán acto de presencia. Supuesto que en el caso de presentarse pasajeros en exceso, la compañía tendría que hacer frente al régimen de asistencia y compensación previsto en el Reglamento comunitario, sin que a diferencia de los supuestos de cancelación y gran retraso, pudiera alegar las causas exonerativas por el artículo 5.3 del Reglamento de la existencia de circunstancias extraordinarias que no pudieran haberse evitado incluso tomando medidas razonables. Ni tampoco en estos supuestos de cancelación y gran retraso operaría la excepción del deber de compensar en los supuestos de haberse realizado la información y previsión contemplada en el art. 5.2».

El derecho a compensación previsto en el artículo 7 del Reglamento 261/2004, de 11 de febrero, reconoce el derecho a una compensación por valor de 250 euros para vuelos de hasta 1500 kilómetros; como es mi caso.

Además del artículo 12 del citado Reglamento, reconoce el derecho a una compensación complementaria.

SEXTO.- COSTAS

Procede la imposición de costas a la parte demandada de acuerdo con lo establecido en el artículo 394 de la LEC.

SÉPTIMO.- *IURA NOVIT CURIA*

En todo lo invocado resultará de aplicación el principio *iura novit curia*, previsto en el artículo 218 de la LEC.

Por todo ello,

SUPLICO AL JUZGADO:

Tenga por presentado este escrito junto con los documentos que se acompañan, se sirva admitirlo y tenga por formulada **DEMANDA DE JUICIO VERBAL** contra la compañía aérea [NOMBRE_EMPRESA] en reclamación de cantidad de [CANTIDAD] euros, y previos los trámites legales oportunos, se proceda a dictar sentencia por la que se condene a la parte demandada a abonar a quien suscribe la presente demanda la cantidad de [CANTIDAD] euros, con imposición de costas a la demandada.

Por ser justicia que pido en [CIUDAD] a [DÍA] de [MES] de [AÑO]

Firma [FIRMA]

---

(1) En el artículo 86 ter de la LOPJ se declaraba la competencia de los juzgados de lo mercantil en materia de transportes, si bien esto ha sido así hasta la reforma operada por la **LO 7/2022, de 27 de julio**, en vigor desde el 17 de agosto de 2022, que modifica, entre otros, el citado precepto y, además, el artículo 86 bis de la LOPJ. Este último atribuye a los juzgados de lo mercantil el conocimiento de cuantas cuestiones sean de la competencia del orden jurisdiccional civil en materia de derecho aéreo, si bien hace expresa exclusión de dicha competencia de las cuestiones «(...) en materia de daños derivadas de la destrucción, pérdida o avería del equipaje facturado previstas en el Convenio para la unificación de ciertas reglas para el transporte aéreo internacional hecho en Montreal el 28 de mayo de 1999; ni de las cuestiones previstas en el Reglamento (CE) n.º 261/2004 del Parlamento Europeo y del Consejo, de 11 de febrero de 2004, por el que se establecen normas comunes sobre compensación y asistencia a los pasajeros aéreos en caso de denegación de embarque y de cancelación o gran retraso de los vuelos, y se deroga el Reglamento (CEE) n.º 295/91 (...)». A partir del 23/01/2025 por la reforma de la LO 1/2025, de 2 enero, el artículo aplicable será el 87 de la LOPJ, al quedar suprimido el art. 86 bis.

(2) El **RD-ley 6/2023, de 19 de diciembre**, modifica el artículo 250 de la LEC con entrada en vigor el 20/03/2024. La cuantía máxima de 15.000 euros expresada en este formulario se corresponde con la versión actualizada del precepto. Hasta la entrada en vigor de la reforma, la cuantía sigue siendo de 6.000 euros.

(3) El **RD-ley 6/2023, de 19 de diciembre**, modifica el artículo 437 de la LEC con entrada en vigor el 20/03/2024.

Escrito de reclamación a compañía aérea por retraso en el equipaje

Datos compañía aérea:

[NOMBRE_EMPRESA]

[DOMICILIO_SOCIAL]

Datos usuario:

Don/Doña [NOMBRE]

[DOMICILIO]

[NÚM. TLF.]

[CORREO_ELECTRÓNICO]

En [CIUDAD] a [DÍA] de [MES] de [AÑO]

Al Departamento de Atención al Cliente:

PRIMERO.- Con [FECHA], adquirí un billete de avión con la compañía aérea [NOMBRE EMPRESA], con el siguiente plan de viaje:

- **Salida** [FECHA], aeropuerto de origen [NOMBRE] de [CIUDAD].
- **Llegada** [FECHA], aeropuerto de destino [NOMBRE] de [CIUDAD].

El billete fue abonado mediante tarjeta de débito n.º [NÚMERO] de la entidad de crédito [NOMBRE], como así queda acreditado en la copia de la reserva del vuelo, y extracto de la cuenta bancaria, que se adjuntan a la presente reclamación como **documentos n.º** [NÚMERO].

SEGUNDO.- En el aeropuerto de origen, el día de salida de mi vuelo, facturé mi equipaje, con mis enseres personales, como así queda acreditado en el adhesivo identificativo de la facturación aportado por la compañía aérea.

Se adjunta como **documento n.º** [NÚMERO].

TERCERO.- Una vez llegado al aeropuerto de destino, comprobé que mi equipaje no aparecía en la cinta correspondiente de recogida de equipajes, y fue recibida por mi persona a los [NÚMERO] días, por lo que procedí a interponer una reclamación a la compañía aérea en el propio aeropuerto, cumplimentando el impreso denominado «Parte de Irregularidad de Equipaje (P.I.R.)».

Se adjunta como **documento n.º** [NUMERO].

CUARTO.- Tras haber transcurrido el plazo de 21 días siguientes a la fecha en que debería haber recibido el equipaje para ser considerado perdido, presento reclamación por el importe de los enseres que tuve que comprar al no llegar mi maleta a destino, según copia de las facturas de compras que presento como **documento n.º** [NÚMERO], junto con la factura de compra una nueva maleta, como **documento n.º** [NÚMERO].

QUINTO.- De acuerdo con el **artículo 17 del Convenio de Montreal**:

«El transportista es responsable del daño causado en caso de destrucción, pérdida o avería del equipaje facturado por la sola razón de que el hecho que causó la destrucción, pérdida o avería se haya producido a bordo de la aeronave o durante cualquier período en que el equipaje facturado se hallase bajo la custodia del transportista. (...)».

Además, el art. 22 de la misma norma, cuantifica la responsabilidad por destrucción, pérdida, avería o retraso del equipaje limitándola a 1.288 derechos especiales de giro (DEG) por pasajero (salvo declaración especial de valor), de acuerdo a la modificación operada por la Enmienda a los artículos 21 y 22 del Convenio para la unificación de ciertas reglas para el Transporte Aéreo Internacional, hecho en Montreal el 28 de mayo de 1999, publicada en el BOE el 16 de julio de 2020.

Por todo ello, y por el cumplimiento defectuoso por parte de la compañía aérea del contrato de transporte concertado, y por el que se produjo el retraso en la llegada de mi equipaje, solicito de la misma, el abono de [CANTIDAD] euros, en concepto de indemnización por daños y perjuicios por [DESCRIPCIÓN].

En el supuesto de que, en el plazo de 20 días, hagan caso omiso o denieguen mi solicitud, me veré obligado a ejercitar las oportunas acciones legales en defensa de mis intereses.

A la espera de su urgente respuesta, les saluda atentamente

[FIRMA]

Escrito de reclamación ante compañía aérea tras la cancelación de un vuelo

Datos compañía aérea.

[NOMBRE EMPRESA]

[DOMICILIO SOCIAL]

Datos usuario.

Don/Doña [NOMBRE]

[DOMICILIO]

[NÚM. TLF.]

[CORREO ELECTRÓNICO]

En [CIUDAD] a [DÍA] de [MES] de [AÑO]

Al Departamento de Atención al Cliente:

Muy Sres. Míos:

Me dirijo a ustedes por medio de la presente en calidad de perjudicado/a como consecuencia de la cancelación del vuelo [DESCRIPCIÓN] previsto para el día [FECHA] que el [DÍA] de [MES] de [AÑO] había contratado con su compañía.

Adjunto copia del billete como **documento n.º** [NÚMERO].

Una vez tuve conocimiento de la cancelación del vuelo anteriormente descrito, me presenté ante el mostrador de su compañía, donde me informaron de la existencia de problemas técnicos en el avión. Sin embargo, por parte de su compañía no se probó que la cancelación tuviese lugar por motivos de fuerza mayor o por circunstancias irresolubles, ni tampoco se me avisó de la cancelación del vuelo con carácter previo a mi personación en el aeropuerto.

Toda vez que no he podido realizar el viaje, ustedes me han reembolsado el importe del billete, no obstante, en ningún momento me han abonado la compensación económica a la que me da derecho el **artículo 7 del Reglamento (CE) número 261/2004, de 11 de febrero de 2004**, por el que se establecen normas comunes sobre compensación y asistencia a los pasajeros aéreos en caso de denegación de embarque y de cancelación o gran retraso de vuelos, y que, por el número de kilómetros de viaje, [DESCRIPCIÓN] asciende al importe total de [CANTIDAD] €.

Por lo expuesto, procedo a realizar la presente reclamación ante la compañía aérea a la que me dirijo con el fin de que me ingresen de inmediato el referido importe en la siguiente cuenta bancaria:

ENTIDAD	SUCURSAL	D.C	N.º CUENTA

Por último, indicarle que en el supuesto de no recibir dicha compensación en un plazo de [PLAZO DÍAS], me veré obligado a ejercitar judicialmente las acciones que en derecho me asisten.

Reciban un cordial saludo,

Fdo. [FIRMA]

Demanda de juicio verbal contra compañía aérea por retraso de vuelo

AL JUZGADO DE PRIMERA INSTANCIA DE [LOCALIDAD]

Don/Doña [NOMBRE], con DNI [DNI] y domicilio en [DOMICILIO] de [CIUDAD], actuando en nombre y representación propia, ante el juzgado comparezco y como mejor proceda en derecho, **DIGO**:

Por medio del presente escrito vengo a formular **DEMANDA DE JUICIO VERBAL EN RECLAMACIÓN DE CANTIDAD DE** [CANTIDAD] euros contra la compañía aérea [NOMBRE EMPRESA] con domicilio social en [DOMICILIO SOCIAL] de [CIUDAD], en base a los siguientes,

HECHOS

PRIMERO.- En [FECHA], compré un billete de avión a la compañía aérea [NOMBRE EMPRESA] con destino a [LUGAR] en el [DÍA] de [MES] de [AÑO], con salida desde el aeropuerto de [CIUDAD] hasta el aeropuerto de [CIUDAD].

Este billete fue abonado mediante cargo en mi tarjeta de crédito [NÚMERO] de la entidad bancaria [NOMBRE EMPRESA], como se acredita en el **documento n.º** [NÚMERO] como copia de la compra del citado billete de avión y extracto de la cuenta bancaria en la que se realizó el cargo.

SEGUNDO.- En el aeropuerto de origen, el día de salida de mi vuelo, facturé mi equipaje, con mis enseres personales, como así queda acreditado en el adhesivo identificativo de la facturación aportado por la compañía aérea.

Se adjunta como **documento n.º** [NÚMERO].

TERCERO.- Llegada la hora de salida de mi vuelo, se me informa de que el mismo sufre un retraso y que se embarcará en cuanto el avión llegue al aeropuerto de salida.

CUARTO.- Tras más de 5 horas de retraso, en concreto 6 horas y 30 minutos, me comunican que el vuelo no saldrá en el día previsto, programándose para el día siguiente más de 24 horas después del horario de salida contratado, perdiendo las conexiones programadas y teniendo que viajar en el vuelo de vuelta con otra compañía distinta.

QUINTO.- Tras las reclamaciones extrajudiciales presentadas ante la compañía aérea, de las cuales han hecho caso omiso, me veo en la tesitura de emprender acciones legales contra la misma, a través de la presentación de esta demanda reclamando la cantidad de [CANTIDAD] euros en concepto de reembolso, y la cantidad de [CANTIDAD] en concepto de compensación suplementaria por los daños sufridos por el cumplimiento defectuoso del contrato de transporte aéreo, contra [NOMBRE EMPRESA] líneas aéreas.

FUNDAMENTOS DE DERECHO

PRIMERO.- JURISDICCIÓN Y COMPETENCIA

En cuanto a la jurisdicción, corresponde el conocimiento del pleito a los órganos jurisdiccionales ordinarios españoles, de conformidad con lo dispuesto en los artículos 117 de la Constitución Española, apartado 3; 2, 9.2 y 21.1 de la Ley Orgánica 6/1985 de 1 de julio, del Poder Judicial (en adelante, LOPJ) y en el artículo 5 de la LEC y artículo 36 de la LEC.

Respecto del órgano competente para conocer del proceso, lo es el juzgado al que me dirijo, de acuerdo con el artículo 86 bis de la LOPJ, apartado 1 (1).

SEGUNDO.- CAPACIDAD Y LEGITIMACIÓN

Ambas partes se encuentran capacitadas y legitimadas activamente y pasivamente de acuerdo con lo previsto en el artículo 6 de la LEC, artículo 7 de la LEC y artículo 10 de la LEC.

TERCERO.- POSTULACIÓN Y REPRESENTACIÓN

Esta parte actúa en representación propia y comparecerá por sí misma, de acuerdo con lo establecido en el artículo 23 de la LEC y artículo 31 de la LEC.

CUARTO.- PROCEDIMIENTO Y CUANTÍA

De acuerdo con el artículo 250 de la LEC, apartado 2 (2) y artículo 437 de la LEC (3), el procedimiento a seguir será el del juicio verbal al tratarse de demanda cuya cuantía no excede de los 15.000 euros.

La cuantía queda fijada, de acuerdo con el artículo 253 de la LEC, en [CANTIDAD] euros.

QUINTO.- FONDO DEL ASUNTO

I.- Del principio *pro consumatore*

Este principio queda consagrado por lo estipulado en el artículo 51 de la Constitución Española, por el que «los poderes públicos garantizarán la defensa de los consumidores y usuarios, protegiendo, mediante procedimientos eficaces, la seguridad, la salud y los legítimos intereses».

II.- Cuantificación de la indemnización

El **Reglamento (CE) n.º 261/2004 del Parlamento Europeo y del Consejo de 11 de febrero de 2004** por el que se establecen normas comunes sobre compensación y asistencia a los pasajeros aéreos en caso de denegación de embarque y de cancelación o gran retraso de los vuelos, en concreto, el artículo 6 (Retraso de vuelo), artículo 8 (Derecho al reembolso) y artículo 12 (Compensación suplementaria).

El mencionado **artículo 6 del Reglamento (CE) n.º 261/2004, de 11 de febrero de 2004**, reconoce, para el caso de retraso de cinco horas como mínimo de un vuelo, el derecho al reembolso previsto en el artículo 8.1.a) del Reglamento, esto es, el reembolso en siete días, en metálico, por transferencia bancaria electrónica, transferencia bancaria, cheque o, previo acuerdo firmado por el pasajero, bonos de viaje u otros servicios, del coste íntegro del billete en el precio al que se compró, correspondiente a la parte o partes del viaje no efectuadas y a la parte o partes del viaje efectuadas, si el vuelo ya no tiene razón de ser en relación con el plan de viaje inicial del pasajero.

Además del reembolso, en este caso y de acuerdo con la jurisprudencia, por ser el retraso superior a tres horas —gran retraso—, entiendo que también me corresponde un derecho de compensación análogo al caso de cancelación del vuelo, en este sentido la **sentencia del Juzgado de lo Mercantil n.º 18 bis de Madrid n.º 1769/2023, de 27 de abril, ECLI:ES:JMM:2023:642:**

«(...) el perjuicio generado a los pasajeros por la cancelación de un vuelo pueden en ocasiones ser completamente equiparables a los causados por un retraso de cierta consideración, los que de seguir tal literalidad quedarían fuera de todo derecho de compensación, al menos conforme al citado Reglamento CEE 261/2004, (...).

El Tribunal de Justicia de la Unión Europea estableció en sus sentencias de 19 de noviembre de 2009 (caso Sturgeon) y de 23 de octubre de 2012 (caso Nelson) que los artículos 5 (cancelación de vuelos), 6 (retraso) y 7 (derecho de compensación) del Reglamento 261/2004 deben interpretarse en el sentido de que los pasajeros de los vuelos retrasados pueden equipararse a los pasajeros de los vuelos cancelados a los efectos de la aplicación del derecho de compensación previsto en el artículo 7 (que solamente está previsto para la denegación de embarque y la cancelación de vuelos, pero no para el retraso) cuando sufren un "gran retraso" (esto es, cuando llegan al destino final tres horas o más después de la hora de llegada inicialmente prevista por el transportista aéreo). Sin embargo, tal retraso no da derecho a una compensación a los pasajeros si el transportista aéreo puede acreditar que el gran retraso se debe a circunstancias extraordinarias que no podrían haberse evitado incluso si se hubieran tomado todas las medidas razonables; es decir, a circunstancias que escapan al control efectivo del transportista aéreo, tal como prevé el artículo 5.3 en sede de cancelación de vuelos como causas de exoneración de la responsabilidad del transportista».

Además, el **artículo 12 del Reglamento (CE) n.º 261/2004, de 11 de febrero de 2004**, reconoce el derecho a una compensación suplementaria, por lo que solicito una indemnización por los daños derivados del retraso del vuelo concertado. Para la cuantificación de la indemnización suplementaria se deberá tener en cuenta tanto los daños patrimoniales sufridos, como los daños morales.

Daños patrimoniales [ESPECIFICAR].

En cuanto a los daños morales, la jurisprudencia ha reconocido la indemnización de los mismos por el «impacto o sufrimiento psíquico o espiritual, impotencia, zozobra, ansiedad, angustia, incertidumbre» que el retraso puede ocasionar (**sentencia de la Audiencia Provincial de Madrid n.º 546/2022, de 11 de julio, ECLI:ES:APM:2022:10724**).

En la **sentencia del Juzgado de lo Mercantil n.º 1 de Palma de Mallorca n.º 16/2007, de 19 de septiembre, ECLI:ES:JMIB:2007:296**, menciona el citado artículo 12 expresando:

«(...) otro artículo del citado Reglamento, como es el número 12, en el que se establece una indemnización compatible con las que fija el mismo texto para los grandes retrasos, surgiendo una responsabilidad complementaria, por los perjuicios que se hubiesen ocasionado a los pasajeros como consecuencia del retraso imputable a la compañía. De esta forma, acreditada la responsabilidad de la compañía le obligaba a responder por todos esos daños y perjuicios complementarios sufridos. Destacamos en este punto que si la compañía hubiese actuado diligentemente, hubiese permitido a los pasajeros llegar a destino en el horario pactado, y así coger los vuelos de enlace para regresar a sus destinos. Sin embargo, gracias a su negligencia se impide a éstos llegar a destino conforme a lo pactado, obligándoles a perder el vuelo inicialmente adquirido y a comprar uno nuevo, cuyos importes ahora reclaman. Por ello, procedería acceder a la reclamación efectuada.

(...)

Ante ello, partiendo de la realidad del retraso habido, de las circunstancias enunciadas y que de manera lógica ello comporta incomodidades, ansiedades, angustias (máxime cuando el vuelo que contratas no existe a los efectos de las autoridades reguladoras del tráfico aéreo), la parte debe acreditar que las mismas se producen con una intensidad tal que denoten una importancia notable, teniendo en cuenta que, conforme al sistema de indemnizaciones objetivas fijadas por la normativa aplicable respecto de los retrasos, el legislador ha previsto las mismas teniendo en cuenta esos factores negativos que de manera natural se producen ante este tipo de situaciones. Por tanto, la indemnización complementaria por daños morales requiere un especial acervo probatorio de esas situaciones perniciosas que se predican, sin que baste la mera alegación; se exige una prueba concreta de los hechos que se denuncian que permitan concluir al tribunal que, efectivamente, los pasajeros sufrieron una ansiedad extra, dimanante de condiciones especialmente perniciosas, derivado del tiempo, lugar, clima, etc.

Acudiendo al caso de autos, partiendo de la existencia del gran retraso que ya se ha indemnizado, lo cierto es que los demandantes acreditan esa situación desesperada que se proclama, teniendo en cuenta que se encontraban en un país extranjero, con una incertidumbre de si podrían llegar a tiempo a sus conexiones en Madrid (que les permitiese acudir a sus compromisos laborales), con una aeronave sustitutiva perteneciente a una tercera compañía, incumpliendo lo que se había ofertado y contratado, en base a la propia publicidad que la empresa demandada hace de sus aviones, definiéndolos como una flota de las modernas y mejor equipadas, consistentes en aviones Airbus de distintos modelos. Ello de manera lógica, crea esa situación de angustia, a lo que se une el hecho de existir una menor entre los pasajeros afectados, en la que la desesperanza de los pasajeros se ve aumentada.

En definitiva, sí que se acreditan daños morales, debiendo cuantificarse los mismos de tal intensidad que justifican las cantidades reclamadas, considerándose adecuadas a los parámetros que se han expuesto en el presente fundamento, la suma de 1.000 € por cada demandante, considerando que todos ellos sufrieron la misma zozobra, el mismo desazón, la misma inquietud, y que la misma se debió a la conducta negligente de la compañía aérea».

SEXTO.- INTERESES Y COSTAS

Se reclaman de acuerdo con el artículo 1101 del Código Civil y el artículo 1108 del Código Civil, el pago de los intereses moratorios que sean procedentes.

Procede la imposición de costas a la parte demandada de acuerdo con lo establecido en el artículo 394 de la LEC.

SÉPTIMO.- *IURA NOVIT CURIA*

En todo lo invocado resultará de aplicación el principio *iura novit curia*, previsto en el artículo 218 de la LEC.

Por todo ello,

SUPLICO AL JUZGADO:

Que tenga por presentado este escrito junto con los documentos que se acompañan, se sirva admitirlo y tenga por formulada **DEMANDA DE JUICIO VERBAL** contra la compañía aérea [NOMBRE EMPRESA] en reclamación de cantidad de [CANTIDAD] euros por retraso en el vuelo, y previos los trámites legales oportunos, se proceda a dictar sentencia por la que se condene a la parte demandada a abonar a quien suscribe la presente demanda la cantidad de [CANTIDAD] euros más intereses, con imposición de costas a la demandada.

Por ser justicia que pido en [CIUDAD] a [DÍA] de [MES] de [AÑO]

Firma [FIRMA]

---

(1) En el artículo 86 ter de la LOPJ se declaraba la competencia de los juzgados de lo mercantil en materia de transportes, si bien esto ha sido así hasta la reforma operada por la **LO 7/2022, de 27 de julio**, en vigor desde el 17 de agosto de 2022, que modifica, entre otros, el citado precepto y, además, el artículo 86 bis de la LOPJ. Este último atribuye a los juzgados de lo mercantil el conocimiento de cuantas cuestiones sean de la competencia del orden jurisdiccional civil en materia de derecho aéreo, si bien hace expresa exclusión de dicha competencia de las cuestiones «(...) en materia de daños derivadas de la destrucción, pérdida o avería del equipaje facturado previstas en el Convenio para la unificación de ciertas reglas para el transporte aéreo internacional hecho en Montreal el 28 de mayo de 1999; ni de las cuestiones previstas en el Reglamento (CE) n.º 261/2004 del Parlamento Europeo y del Consejo, de 11 de febrero de 2004, por el que se establecen normas comunes sobre compensación y asistencia a los pasajeros aéreos en caso de denegación de embarque y de cancelación o gran retraso de los vuelos, y se deroga el Reglamento (CEE) n.º 295/91 (...)». A partir del 23/01/2025 por la reforma de la LO 1/2025, de 2 enero, el artículo aplicable será el 87 de la LOPJ, al quedar suprimido el art. 86 bis.

(2) El **RD-ley 6/2023, de 19 de diciembre**, modifica el artículo 250 de la LEC con entrada en vigor el 20/03/2024. Hasta ese momento, la cifra máxima para dirimir una demanda por los cauces del juicio verbal por razón de cuantía sigue siendo de 6.000 euros. La cuantía de 15.000 euros reseñada en este formulario se corresponde con la versión actualizada de la norma.

(3) El **RD-ley 6/2023, de 19 de diciembre**, modifica el artículo 437 de la LEC con entrada en vigor el 20/03/2024.

Demanda de juicio verbal en reclamación de cantidad por pérdida de equipaje por compañía aérea

AL JUZGADO DE PRIMERA INSTANCIA DE [LOCALIDAD]
QUE POR TURNO DE REPARTO CORRESPONDA

Don/Doña [NOMBRE], con DNI [DNI] y domicilio en [DOMICILIO] de [CIUDAD], actuando en nombre y representación propia, ante el juzgado comparezco y como mejor proceda en derecho,

DIGO

Por medio del presente escrito vengo a formular **DEMANDA DE JUICIO VERBAL EN RECLAMACIÓN DE CANTIDAD** de [CANTIDAD] euros contra la compañía aérea [NOMBRE EMPRESA] con domicilio social en [DOMICILIO SOCIAL] de [CIUDAD], en base a los siguientes,

HECHOS

PRIMERO.- En [FECHA], compré un billete de avión a la compañía aérea [NOMBRE EMPRESA] con destino a [LUGAR] en el [DÍA] de [MES] de [AÑO], con salida desde el aeropuerto de [CIUDAD] hasta el aeropuerto de [CIUDAD].

Este billete fue abonado mediante cargo en mi tarjeta de crédito [NÚMERO] de la entidad bancaria [NOMBRE EMPRESA], como ase acredita en el **documento n.º** [NÚMERO] como copia de la compra del citado billete de avión y extracto de la cuenta bancaria en la que se realizó el cargo.

SEGUNDO.- En el aeropuerto de salida de mi viaje, en [CIUDAD] procedí a facturar mi equipaje, consistente en una maleta de color [DESCRIPCIÓN], de la marca [DESCRIPCIÓN] y con las siguientes dimensiones [DESCRIPCIÓN].

Así se hace constar en el **documento n.º** [NÚMERO], con el adhesivo identificativo de la facturación del equipaje.

TERCERO.- Llegado al aeropuerto del destino en [CIUDAD], y tras esperar durante más de 1 hora en la sala de recogida del equipaje, el mismo no llegó a destino.

Por ello, presenté una reclamación ante el mostrador de la compañía aérea [NOMBRE EMPRESA] en el aeropuerto de destino, cumplimentando el impreso denominado «Parte de Irregularidad de Equipaje (P.I.R.)».

Se adjunta como **documento n.º** [NÚMERO], copia de la correspondiente reclamación.

CUARTO.- En ese mismo día, [FECHA], realicé numerosas llamadas al teléfono correspondiente a pérdidas de equipaje, sin recibir respuesta alguna por la parte demandada.

Esta situación me provocó una serie de perjuicios en mi viaje.

A los anteriores hechos le son de aplicación los siguientes

FUNDAMENTOS DE DERECHO

PRIMERO.- JURISDICCIÓN Y COMPETENCIA

En cuanto a la jurisdicción, corresponde el conocimiento del pleito a los órganos jurisdiccionales ordinarios españoles, de conformidad con lo dispuesto en el artículo 117 de la Constitución Española, apartado 3; artículo 2 de la LOPJ, artículo 9 de la LOPJ, apartado 2 y artículo 21 de la LOPJ, apartado 1 y en el artículo 5 de la LEC y 36 de la LEC.

Respecto del órgano competente para conocer del proceso, lo es el Juzgado de Primera Instancia al que me dirijo, tal y como se desprende de las disposiciones del artículo 45 de la LEC y 85 de la LOPJ, apartado 1. **(1)**

SEGUNDO.- CAPACIDAD Y LEGITIMACIÓN

Ambas partes se encuentran capacitadas y legitimadas activa y pasivamente de acuerdo con lo previsto en el artículo 6 de la LEC, artículo 7 de la LEC y 10 de la LEC.

TERCERO.- POSTULACIÓN Y REPRESENTACIÓN

Esta parte actúa en representación propia y comparecerá por sí misma, de acuerdo con lo establecido en el artículo 23 de la LEC y 31 de la LEC.

CUARTO.- PROCEDIMIENTO Y CUANTÍA

De acuerdo con el artículo 250 de la LEC, apartado 2 **(2)** y artículo 437 de la LEC **(3)**, el procedimiento a seguir será el del juicio verbal al tratarse de demanda cuya cuantía es inferior a los 15.000 euros.

La cuantía queda fijada, de acuerdo con el artículo 253 de la LEC, en [CANTIDAD] euros.

QUINTO.- FONDO DEL ASUNTO

I.- Del principio *pro consumatore*

Este principio queda consagrado por lo estipulado en el artículo 51 de la Constitución Española, por el que «los poderes públicos garantizarán la defensa de los consumidores y usuarios, protegiendo, mediante procedimientos eficaces, la seguridad, la salud y los legítimos intereses.»

II.- De la indemnización por pérdida de equipaje

Resulta de aplicación el **artículo 17.2 del Convenio de Montreal** por el cual:

> «El transportista es responsable del daño causado en caso de destrucción, pérdida o avería del equipaje facturado por la sola razón de que el hecho que causó la destrucción, pérdida o avería se haya producido a bordo de la aeronave o durante cualquier período en que el equipaje facturado se hallase bajo la custodia del transportista».

Además, el art. 22 de la misma norma, cuantifica la responsabilidad por destrucción, pérdida, avería o retraso del equipaje limitándola a 1288 derechos especiales de giro (DEG) por pasajero (salvo declaración especial de valor), de acuerdo con la reforma operada a través de la Enmienda a los artículos 21 y 22 del Convenio para la unificación de ciertas reglas para el Transporte Aéreo Internacional, hecho en Montreal el 28 de mayo de 1999, publicada en el BOE el 16 de julio de 2020.

En la **sentencia de la Audiencia Provincial de Las Palmas n.° 80/2013, de 18 de marzo, ECLI:ES:APGC:2013:404** se reconoce el derecho a la indemnización por pérdida de equipaje, mencionando lo siguiente:

> «Para la pérdida del equipaje se establece por el art. 31 del Convenio de Montreal que en caso de avería del equipaje el pasajero debe realizar una protesta dentro de un plazo de siete días para el equipaje fracturado, estableciendo que la

protesta debe realizarse en el plazo de 21 días a partir de la fecha en que el equipaje haya sido puesto a su disposición, sin que se prevea en el precepto plazo alguno para la protesta en el caso de pérdida del equipaje, por lo que no habiéndose puesto a disposición del pasajero el equipaje no llegaría nunca a iniciarse plazo alguno de protesta sin que apareciere ulteriormente el equipaje desaparecido, y sólo en este último caso comenzaría a correr el plazo de 21 días para formular la protesta. En todo caso, como resulta del documento obrante al folio 26, el mismo día 12 de enero de 2010 ya formuló la protesta correspondiente el demandante y obtuvo el parte de irregularidad de equipaje para que se procediera a la búsqueda de su maleta, haciéndose constar por la compañía el siguiente texto al final de dicho parte: "Por favor, conserve su billete y el comprobante del equipaje. Este informe no implica reconocimiento de responsabilidad"».

SEXTO.- COSTAS

Procede la imposición de costas a la parte demandada de acuerdo con lo establecido en el artículo 394 de la LEC.

SÉPTIMO.- *IURA NOVIT CURIA*

En todo lo invocado resultará de aplicación el principio *iura novit curia*, previsto en el artículo 218 de la LEC.

Por todo ello,

SUPLICO AL JUZGADO:

Que tenga por presentado este escrito junto con los documentos que se acompañan, se sirva admitirlo y tenga por formulada **DEMANDA DE JUICIO VERBAL** contra la compañía aérea [NOMBRE EMPRESA] en reclamación de cantidad de [CANTIDAD] euros, y previos los trámites legales oportunos, se proceda a dictar sentencia por la que se condene a la parte demandada a abonar a quien suscribe la presente demanda la cantidad de [CANTIDAD] euros, con imposición de costas a la demandada.

Por ser Justicia que pido en [CIUDAD] a [DÍA] de [MES] de [AÑO]

Firma [FIRMA]

---

(1) El art. 85 de la LOPJ se ve modificado por la LO 1/2025, de 2 enero, con entrada en vigor el 23/01/2025, pasando a denominarse el juzgado de primera instancia como «Sección Civil o Sección Civil y de Instrucción, del Tribunal de Instancia».

(2) El **RD-ley 6/2023, de 19 de diciembre,** modifica el artículo 250 de la LEC con entrada en vigor el 20/03/2024. Hasta ese momento, la cifra máxima para dirimir una demanda por los cauces del juicio verbal por razón de cuantía sigue siendo de 6.000 euros. La cuantía de 15.000 euros reseñada en este formulario se corresponde con la versión actualizada de la norma.

(3) El **RD-ley 6/2023, de 19 de diciembre,** modifica el artículo 437 de la LEC con entrada en vigor el 20/03/2024.

Demanda de juicio verbal en reclamación de cantidad por cancelación de vuelo

AL JUZGADO DE PRIMERA INSTANCIA DE [LOCALIDAD]

Don/Doña [NOMBRE], con DNI [DNI] y domicilio en [DOMICILIO] de [CIUDAD], actuando en nombre y representación propia, ante el juzgado comparezco y como mejor proceda en Derecho, **DIGO**:

Por medio del presente escrito vengo a formular **DEMANDA DE JUICIO VERBAL EN RECLAMACIÓN DE CANTIDAD DE** [CANTIDAD] euros contra la compañía aérea [NOMBRE EMPRESA] con domicilio social en [DOMICILIO SOCIAL] de [CIUDAD], en base a los siguientes,

HECHOS

PRIMERO.- En [FECHA], compré un billete de avión a la Compañía Aérea [NOMBRE EMPRESA] con destino a [LUGAR] en el [DÍA] de [MES] de [AÑO], con salida desde el aeropuerto de [CIUDAD] hasta el aeropuerto de [CIUDAD].

Este billete fue abonado mediante cargo en mi tarjeta de crédito [NÚMERO] de la entidad bancaria [NOMBRE EMPRESA], como ase acredita en el **documento n.º** [NÚMERO] como copia de la compra del citado billete de avión y extracto de la cuenta bancaria en la que se realizó el cargo.

SEGUNDO.- Llegado el día y hora de salida de mi vuelo, la compañía aérea demandada me comunica la cancelación del vuelo contratado por la siguiente causa [DESCRIPCIÓN] sin ofrecerme ningún tipo de viaje alternativo ni indemnización alguna.

La imposibilidad de llegar a mi destino me ha causado una serie de daños consistentes en gastos adicionales de desplazamiento, estancia hotelera, gastos de manutención, ascendiendo a la cantidad de [CANTIDAD] euros, como así queda acreditado en el documento que se acompaña a este escrito como **documento n.º** [NÚMERO].

TERCERO.- Tras las reclamaciones extrajudiciales presentadas ante la Compañía Aérea, de las cuales han hecho caso omiso, me veo en la tesitura de emprender acciones legales contra la misma, a través de la presentación de esta demanda reclamando la cantidad de [CANTIDAD] euros, en concepto del reembolso del precio del billete, y del derecho de compensación por los daños y perjuicios causados.

A los anteriores hechos le son de aplicación los siguientes:

FUNDAMENTOS DE DERECHO

PRIMERO.- JURISDICCIÓN Y COMPETENCIA

En cuanto a la jurisdicción, corresponde el conocimiento del pleito a los órganos jurisdiccionales ordinarios españoles, de conformidad con lo dispuesto en los artículos 117 de la Constitución Española, apartado 3; artículo 2 de la LOPJ, artículo 9 de la LOPJ, apartado 2 y artículo 21 de la LOPJ, apartado 1 y en el artículo 5 de la LEC y 36 de la LEC.

Respecto del órgano competente para conocer del proceso, lo es el Juzgado de Primera Instancia al que me dirijo correspondiente al domicilio del demandante, tal y como se desprende de las disposiciones de los artículos 45 de la LEC y de los artículos 85 de la LOPJ, apartado 1. **(1)**

SEGUNDO.- CAPACIDAD Y LEGITIMACIÓN

Ambas partes se encuentran capacitadas y legitimadas activamente y pasivamente de acuerdo con lo previsto en el artículo 6 de la LEC, artículo 7 de la LEC y artículo 10 de la LEC.

TERCERO.- POSTULACIÓN Y REPRESENTACIÓN

Esta parte actúa en representación propia y comparecerá por sí misma, de acuerdo con lo establecido en el artículo 23 de la LEC y artículo 31 de la LEC.

CUARTO.- PROCEDIMIENTO Y CUANTÍA

De acuerdo con el artículo 250 de la LEC, apartado 2 **(2)** y el artículo 437 de la LEC **(3)**, el procedimiento a seguir será el del juicio verbal al tratarse de demanda cuya cuantía no excede de los 15.000 euros.

La cuantía queda fijada, de acuerdo con el artículo 253 de la LEC, en [CANTIDAD] euros.

QUINTO.- FONDO DEL ASUNTO

El **Reglamento (CE) N.° 261/2004 del Parlamento Europeo y del Consejo de 11 de febrero de 2004** por el que se establecen normas comunes sobre compensación y asistencia a los pasajeros aéreos en caso de denegación de embarque y de cancelación o gran retraso de los vuelos, en concreto el artículo 5 cancelación de vuelos, artículo 7 derecho a compensación, artículo 8 derecho al reembolso o a un transporte alternativo y artículo 9 derecho a atención.

Con respecto al precio que se tomará en consideración a la hora de calcular el reembolso, dice la **sentencia del Tribunal de Justicia de la Unión Europea n.° C-601/17, de 12 de septiembre de 2018, ECLI:EU:C:2018:702:**

> «(...) el precio del billete que se tomará en consideración a la hora de calcular el importe del reembolso que el transportista aéreo adeuda al pasajero en caso de cancelación del vuelo incluye la diferencia entre la cantidad abonada por dicho pasajero y la recibida por dicho transportista aéreo, cuando tal diferencia corresponda a la comisión percibida por una persona que participó como intermediaria entre ambos, salvo si esa comisión se fijó a espaldas del transportista aéreo, extremo este que corresponde comprobar al tribunal remitente».

También cabe citar, la **sentencia del Juzgado de lo Mercantil de Donostia n.° 24/2016, de 27 de enero, ECLI:ES:JMSS:2016:41,** que reza:

> «La distancia del vuelo determina la cantidad a indemnizar de conformidad con el antes expuesto artículo 7 del Reglamento.
> En la demanda se realiza una diferenciación entre los cuatro pasajeros demandantes que habían contratado un vuelo Estambul-Ámsterdam- Bilbao, de distancia superior a 1.500 kilómetros y aquellos que solo habían adquirido el vuelo desde Ámsterdam a Bilbao. Así, los primeros reclaman 400 euros (artículo 7.1.b) y 250 euros los segundos (artículo 7.1.a).
> Sin embargo, ha de tenerse en cuenta que, aun cuando formaran parte del mismo billete, solamente se cancela el vuelo desde Ámsterdam a Bilbao, siendo la distancia del mismo inferior a 1.500 kilómetros y por lo tanto, resultando procedente la compensación de 250 euros de conformidad con el artículo 7.1 a) del Reglamento en todos los casos.
> A pesar de que el Reglamento no prevé expresamente un caso como el presente en el que solamente se cancela el vuelo de enlace, se tiene en cuenta para llegar a la interpretación expuesta que el artículo 7 del mismo dice que 'La

distancia se determinará tomando como base el último destino al que el pasajero llegara con retraso en relación a la hora prevista debido a la denegación de embarque o a la cancelación'.

Teniendo en cuenta que el retraso en la llegada en el último destino (Bilbao) viene motivado por la cancelación del vuelo con salida desde Ámsterdam (no desde Estambul) es la distancia entre ambas ciudades la que ha de tenerse en cuenta cuantificar la compensación.

Se reconoce por lo tanto el derecho de cada uno de los actores a ser compensado con 250 euros, a cuyo pago se condena a la demandada».

Además, resulta pertinente la solicitud de una compensación suplementaria, de acuerdo con el artículo 12 del citado Reglamento, siendo compatible con la indemnización por daños y perjuicios causados por la cancelación del vuelo.

SEXTO.- COSTAS

Procede la imposición de costas a la parte demandada de acuerdo con lo establecido en el artículo 394 de la LEC.

SÉPTIMO.- *IURA NOVIT CURIA*

En todo lo invocado resultará de aplicación el principio *iura novit curia*, previsto en el artículo 218 de la LEC.

Por todo ello,

SUPLICO AL JUZGADO:

Que tenga por presentado este escrito junto con los documentos que se acompañan, se sirva admitirlo y tenga por formulada **DEMANDA DE JUICIO VERBAL** contra la compañía aérea [NOMBRE EMPRESA] en reclamación de cantidad de [CANTIDAD] euros, y previos los trámites legales oportunos, se proceda a dictar sentencia por la que se condene a la parte demandada a abonar a quien suscribe la presente demanda la cantidad de [CANTIDAD] euros, con imposición de costas a la demandada.

Por ser justicia que pido en [CIUDAD] a [DÍA] de [MES] de [AÑO].

Firma [FIRMA]

---

(1) El art. 85 de la LOPJ se ve modificado por la LO 1/2025, de 2 enero, con entrada en vigor el 23/01/2025, pasando a denominarse el juzgado de primera instancia como «Sección Civil o Sección Civil y de Instrucción, del Tribunal de Instancia».

(2) El RD-ley 6/2023, de 19 de diciembre, modifica el artículo 250.2 de la LEC con entrada en vigor el 20/03/2024. Hasta ese momento, la cifra máxima para que una demanda pueda tramitarse por los cauces del juicio verbal por razón de cuantía sigue siendo de seis mil euros. El presente formulario se halla actualizado a la reforma del precepto.

(3) El RD-ley 6/2023, de 19 de diciembre, modifica el artículo 437 de la LEC con entrada en vigor el 20/03/2024.

Demanda de juicio verbal en reclamación de cantidad por daños en equipaje

AL JUZGADO DE PRIMERA INSTANCIA N.º [NÚMERO] **DE** [LOCALIDAD]

Don/Doña [NOMBRE], con DNI [DNI] y domicilio en [DOMICILIO] de [CIUDAD], actuando en nombre y representación propia, ante el juzgado comparezco y como mejor proceda en derecho,

DIGO

Por medio del presente escrito vengo a formular **DEMANDA DE JUICIO VERBAL EN RECLAMACIÓN DE CANTIDAD DE** [CANTIDAD] euros contra la compañía aérea [NOMBRE_EMPRESA] con domicilio social en [DOMICILIO_SOCIAL] de [CIUDAD], en base a los siguientes

HECHOS

PRIMERO.- En [FECHA], compré un billete de avión a la compañía aérea [NOMBRE_EMPRESA] con destino a [LUGAR] en el [DÍA] de [MES] de [AÑO], con salida desde el aeropuerto de [CIUDAD] hasta el aeropuerto de [CIUDAD], con facturación de una maleta.

Este billete fue abonado mediante cargo en mi tarjeta de crédito [NÚMERO] de la entidad bancaria [NOMBRE_EMPRESA], como se acredita en el **documento n.º** [NÚMERO] como copia de la compra del citado billete de avión, extracto de la cuenta bancaria en la que se realizó el cargo y copia del adhesivo de haber facturado el equipaje, consistente en una maleta.

SEGUNDO.- Una vez llegado al aeropuerto de destino, al recoger mi equipaje me percaté de que la maleta había sufrido una serie de daños: [DESCRIPCIÓN].

TERCERO.- En el mismo aeropuerto procedí a presentar reclamación ante la compañía aérea demandada en el impreso «Parte de Irregularidad del Equipaje» (PIR), del que se acompaña copia como **documento n.º** [NÚMERO].

CUARTO.- Los daños en mi equipaje ascienden a la cantidad de [CANTIDAD] euros, aportando las siguientes facturas, como **documentos n.º** [NÚMERO].

A los anteriores hechos, le son de aplicación los siguientes:

FUNDAMENTOS DE DERECHO

PRIMERO.- JURISDICCIÓN Y COMPETENCIA

En cuanto a la jurisdicción, corresponde el conocimiento del pleito a los órganos jurisdiccionales ordinarios españoles, de conformidad con lo dispuesto en el artículo

117 de la Constitución Española, apartado 3; artículo 2 de la LOPJ, artículo 9 de la LOPJ, apartado 2, y artículo 21 de la LOPJ, apartado 1; en el artículo 5 de la LEC y el artículo 36 de la LEC.

Respecto del órgano competente para conocer del proceso, lo es el Juzgado de Primera Instancia al que me dirijo, tal y como se desprende de las disposiciones del artículo 45 de la LEC y 85 de la LOPJ, apartado 1 (1).

SEGUNDO.- CAPACIDAD Y LEGITIMACIÓN

Ambas partes se encuentran capacitadas y legitimadas activa y pasivamente de acuerdo con lo previsto en el artículo 6 de la LEC y en el artículo 10 de la LEC.

TERCERO.- POSTULACIÓN Y REPRESENTACIÓN

Esta parte actúa en representación propia y comparecerá por sí misma, de acuerdo con lo establecido en el artículo 23 de la LEC y en el artículo 31 de la LEC.

CUARTO.- PROCEDIMIENTO Y CUANTÍA

De acuerdo con el artículo 250 de la LEC, apartado 2, y el artículo 437 de la LEC (2), el procedimiento a seguir será el del juicio verbal al tratarse de demanda cuya cuantía no excede de 15.000 euros (3).

La cuantía queda fijada, de acuerdo con el artículo 253 de la LEC, en [CANTIDAD] euros.

QUINTO.- FONDO DEL ASUNTO

I.- Del principio *pro consumatore*

Este principio queda consagrado por lo estipulado en el artículo 51 de la Constitución Española, por el que «los poderes públicos garantizarán la defensa de los consumidores y usuarios, protegiendo, mediante procedimientos eficaces, la seguridad, la salud y los legítimos intereses».

II.- De la indemnización por daños en el equipaje

Resulta de aplicación el artículo 17.2 del Convenio de Montreal de 28 de mayo de 1999 por el cual:

> «El transportista es responsable del daño causado en caso de destrucción, pérdida o avería del equipaje facturado por la sola razón de que el hecho que causó la destrucción, pérdida o avería se haya producido a bordo de la aeronave o durante cualquier período en que el equipaje facturado se hallase bajo la custodia del transportista (...)».

Además, el art. 22 de la misma norma, cuantifica la responsabilidad por destrucción, pérdida, avería o retraso del equipaje limitándola a 1.288 derechos especiales de giro (DEG) por pasajero (salvo declaración especial de valor), de acuerdo con la reforma operada a través de la Enmienda a los artículos 21 y 22 del Convenio para la unificación de ciertas reglas para el Transporte Aéreo Internacional, hecho en Montreal el 28 de mayo de 1999, publicada en el BOE el 16 de julio de 2020.

La **sentencia del Tribunal de Justicia de la Unión Europea n.º C-86/19, de 9 de julio de 2020, ECLI:EU:C:2020:538,** establece:

> «1) El artículo 17, apartado 2, del Convenio para la Unificación de Ciertas Reglas para el Transporte Aéreo Internacional, celebrado en Montreal el 28 de mayo de 1999, firmado por la Comunidad Europea el 9 de diciembre de 1999 y aprobado en nombre de esta mediante la Decisión 2001/539/CE del Consejo, de 5 de abril de 2001, en relación con el artículo 22, apartado 2, del mismo

Convenio, debe interpretarse en el sentido de que **la cantidad prevista** en esta última disposición en concepto de límite de responsabilidad del transportista aéreo en caso de destrucción, pérdida, avería o retraso del equipaje facturado, sin que medie declaración especial del valor de la entrega de este en el lugar de destino, **constituye una indemnización máxima que no corresponde ipso iure y a tanto alzado al pasajero afectado. En consecuencia, incumbe al juez nacional determinar, dentro de ese límite, el importe de la indemnización adeudada al pasajero atendiendo a las circunstancias del caso concreto.**

2) El artículo 17, apartado 2, del Convenio de Montreal, en relación con el artículo 22, apartado 2, del mismo Convenio, debe interpretarse en el sentido de que el importe de la indemnización adeudada a un pasajero cuyo equipaje facturado, sin que medie declaración especial del valor de la entrega de este en el lugar de destino, haya sido objeto de destrucción, pérdida, avería o re-traso **ha de ser determinado por el juez nacional con arreglo a la normativa nacional aplicable, particularmente en materia de prueba. No obstante, esa normativa no debe ser menos favorable que la aplicable a recursos similares de Derecho interno ni estar articulada de manera que haga en la práctica imposible o excesivamente difícil el ejercicio de los derechos conferidos por el Convenio de Montreal».**

SEXTO.- VALORACIÓN DE LA PRUEBA

Resulta aplicable el artículo 217 de la LEC, por el cual:

«1. Cuando, al tiempo de dictar sentencia o resolución semejante, el tri-bunal considerase dudosos unos hechos relevantes para la decisión, des-estimará las pretensiones del actor o del reconviniente, o las del deman-dado o reconvenido, según corresponda a unos u otros la carga de probar los hechos que permanezcan inciertos y fundamenten las pretensiones.

2. Corresponde al actor y al demandado reconviniente la carga de pro-bar la certeza de los hechos de los que ordinariamente se desprenda, se-gún las normas jurídicas a ellos aplicables, el efecto jurídico correspon-diente a las pretensiones de la demanda y de la reconvención.

3. Incumbe al demandado y al actor reconvenido la carga de probar los hechos que, conforme a las normas que les sean aplicables, impidan, extingan o enerven la eficacia jurídica de los hechos a que se refiere el apartado anterior.

4. En los procesos sobre competencia desleal y sobre publicidad ilícita corresponderá al demandado la carga de la prueba de la exactitud y ve-racidad de las indicaciones y manifestaciones realizadas y de los datos materiales que la publicidad exprese, respectivamente.

5. En aquellos procesos en los que las alegaciones de la parte acto-ra se fundamenten en actuaciones discriminatorias por razón del sexo, la orientación e identidad sexual, expresión de género o las características sexuales, y aporte indicios fundados sobre su existencia, corresponderá a la parte demandada la aportación de una justificación objetiva y razonable, suficientemente probada, de las medidas adoptadas y de su proporciona-lidad.

A los efectos de lo dispuesto en el párrafo anterior, el órgano judicial, de oficio o a instancia de parte, podrá recabar informe o dictamen de los organismos públicos competentes.

6. Las normas contenidas en los apartados precedentes se aplicarán siempre que una disposición legal expresa no distribuya con criterios especiales la carga de probar los hechos relevantes.

7. Para la aplicación de lo dispuesto en los apartados anteriores de este artículo el tribunal deberá tener presente la disponibilidad y facilidad probatoria que corresponde a cada una de las partes del litigio».

Y como se expresa en la **sentencia del Juzgado de lo Mercantil n.º 1 de Palma de Mallorca n.º 235/2016, de 21 de julio, ECLI:ES:JMIB:2016:3251:**

«Este precepto ha de ser entendido en el sentido de que a los actores les basta con probar los hechos normalmente constitutivos de su derecho, pues si las demandadas no se limitan a negar aquéllos sino que alegan otros, con el objeto de impedir, extinguir o modificar el efecto jurídico pretendido en la demanda, tendrá que probarlos, de la misma forma que habrá de acreditar también aquellos eventos que por su naturaleza especial o su carácter negativo no podrían ser demostrados por la parte adversa sin graves dificultades.

En definitiva, en términos generales, cuando se invoca un hecho que sirve de presupuesto al efecto jurídico que se pretende y el mismo no ha sido probado, las consecuencias de esa falta de prueba son que se tendrá tal hecho por inexistente en el proceso, en contra de aquél sobre quien pesaba la carga de su demostración».

SÉPTIMO.- COSTAS

Procede la imposición de costas a la parte demandada de acuerdo con lo establecido en el artículo 394 de la Ley de Enjuiciamiento Civil (LEC).

OCTAVO.- *IURA NOVIT CURIA*

En todo lo invocado resultará de aplicación el principio *iura novit curia*, previsto en el artículo 218 de la LEC.

Por todo ello,

SUPLICO AL JUZGADO:

Que tenga por presentado este escrito junto con los documentos que se acompañan, se sirva admitirlo y tenga por formulada **DEMANDA DE JUICIO VERBAL** contra la compañía aérea [NOMBRE_EMPRESA] en reclamación de cantidad de [CANTIDAD] euros, y previos los trámites legales oportunos, se proceda a dictar sentencia por la que se condene a la parte demandada a abonar a quien suscribe la presente demanda la cantidad de [CANTIDAD] euros, con imposición de costas a la demandada.

Por ser justicia que pido en [CIUDAD] a [DÍA] de [MES] de [AÑO]

Firma [FIRMA]

---

(1) El art. 85 de la LOPJ se ve modificado por la LO 1/2025, de 2 enero, con entrada en vigor el 23/01/2025, pasando a denominarse el juzgado de primera instancia como «Sección Civil o Sección Civil y de Instrucción, del Tribunal de Instancia».

(2) El **RD-ley 6/2023, de 19 de diciembre,** modifica el artículo 437 de la LEC con entrada en vigor el 20/03/2024.

(3) El **RD-ley 6/2023, de 19 de diciembre,** modifica el artículo 250 de la LEC con entrada en vigor el 20/03/2024. Hasta ese momento, la cifra máxima para dirimir una demanda por los cauces del juicio verbal por razón de cuantía era de 6.000 euros. La cuantía de 15.000 euros reseñada en este formulario se corresponde con la versión actualizada de la norma.

Demanda ejecutiva de resolución de AESA (vuelos posteriores a 2 de junio de 2023 incluido)

AL JUZGADO DE PRIMERA INSTANCIA QUE POR TURNO CORRESPONDA DE [CIUDAD]

Don/Doña [NOMBRE_PROCURADOR], procurador/a de los tribunales y de don/doña [NOMBRE_CLIENTE], con DNI [NÚMERO], con domicilio en [DIRECCIÓN_COMPLETA], cuyo apoderamiento se acompaña al presente escrito como **documento n.º** [NÚMERO], y bajo la asistencia letrada de **don/doña** [NOMBRE_ABOGADO], con n.º colegiado/a [NÚM_COLEGIADO_NOMBRE_COLEGIO], ante este juzgado comparezco y como mejor proceda en derecho,

DIGO

Mediante el presente escrito y al amparo del artículo 18.1 de la Orden TMA/201/2022, de 14 de marzo, vengo a **FORMULAR DEMANDA EJECUTIVA DE LA DECISIÓN DEL DIRECTOR DE AESA**, de fecha [DÍA_MES_AÑO], en reclamación de [ESPECIFICAR], contra la compañía aérea [NOMBRE], con NIF [NÚMERO] y domicilio social en [DIRECCIÓN], todo ello en base a los siguientes,

HECHOS

PRIMERO.- En fecha [DÍA_MES_AÑO] mi representado/a presentó reclamación ante AESA para iniciar un procedimiento de reclamación de [ESPECIFICAR] a la compañía aérea [NOMBRE] en concepto de [ESPECIFICAR].

SEGUNDO.- Dicha reclamación dio lugar a la tramitación del expediente ante AESA n.º [NÚMERO].

En fecha [DÍA_MES_AÑO] el director de AESA resolvió mediante decisión motivada y acordó lo siguiente: [ESPECIFICAR].

Adjuntamos al presente escrito certificación del director de AESA como **documento n.º** [NÚMERO].

TERCERO.- Transcurrido el plazo de 1 mes desde la notificación de la referida resolución la compañía aérea [ESPECIFICAR] no ha atendido lo dispuesto en la misma, a pesar de ser aquella vinculante para dicha compañía aérea.

Adjuntamos como **documento n.º** [NÚMERO] [ESPECIFICAR DOCUMENTO/S]. **(1)**

Es por todo ello que solicitamos que se despache ejecución hacia la demandada para que proceda al cumplimiento de [DESCRIPCIÓN].

A los anteriores hechos son de aplicación los siguientes,

FUNDAMENTOS DE DERECHO

PRIMERO.- JURISDICCIÓN Y COMPETENCIA

Es competente la jurisdicción civil y tribunales civiles españoles para conocer de las pretensiones que se susciten en su territorio, como así se dicta en el artículo 21 de la Ley Orgánica 6/1985, de 1 de julio, del Poder Judicial, y es competente el juzgado al que me dirijo, por ser el del lugar donde se ha dictado la resolución, todo ello conforme lo dispuesto en el artículo 545 de la Ley 1/2000, de 7 de enero, de Enjuiciamiento Civil, apartado 3.

SEGUNDO.- CAPACIDAD Y LEGITIMACIÓN

Ostentan ambas partes legitimación y capacidad suficiente al amparo de los artículos 6 y 538 de la LEC.

TERCERO.- REPRESENTACIÓN Y DEFENSA

Conforme al artículo 539 de la LEC. (2)

CUARTO.- PROCEDIMIENTO

Conforme a lo establecido en los artículos 548 y siguientes de la LEC. (3)

Y según lo dispuesto en el artículo 18.1 de la Orden TMA/201/2022, de 14 de marzo:

> «La decisión del Director de la Agencia es vinculante para la compañía aérea que está obligada, en caso de estimación total o parcial de la reclamación, a darle cumplimiento y a remitir a la Agencia el justificante que lo acredite tan pronto como se produzca, indicando si ha impugnado la decisión ante el juzgado competente.
>
> Si en el plazo de un mes desde la fecha de notificación de esta decisión, la compañía aérea no la hubiera atendido, y con independencia de que ésta se haya impugnado, el pasajero podrá instar su ejecución mediante la presentación de una demanda ejecutiva ante el juzgado competente, a cuyo efecto podrá recabar de la Agencia la certificación de la decisión que, además del resto de los documentos previstos en el artículo 550 de la Ley 1/2000, de 7 de enero, de Enjuiciamiento Civil, deberá acompañar a la demanda como título ejecutivo en que ésta se funda».

QUINTO.- TÍTULO EJECUTIVO

Establece el **artículo 517 de la LEC, apartado 1**, que «La acción ejecutiva deberá fundarse en un título que tenga aparejada ejecución» y en el **apartado segundo, n.º 9** añade que tendrán aparejada ejecución: «Las demás resoluciones procesales y documentos que, por disposición de esta u otra ley, lleven aparejada ejecución».

Asimismo, el ya mencionado **artículo 18.1 de la Orden TMA/201/2022, de 14 de marzo**: «(...) el pasajero podrá instar su ejecución mediante la presentación de una demanda ejecutiva ante el juzgado competente, a cuyo efecto podrá recabar de la Agencia la certificación de la decisión que, además del resto de los documentos previstos en el artículo 550 de la Ley 1/2000, de 7 de enero, de Enjuiciamiento Civil, deberá acompañar a la demanda como título ejecutivo en que ésta se funda».

SEXTO.- BIENES SUSCEPTIBLES DE EJECUCIÓN

Esta parte desconoce los bienes susceptibles de embargo que pudiera tener la parte demandada, solicitando la averiguación de los mismos por este juzgado, conforme al artículo 590 de la LEC.

SÉPTIMO.- COSTAS

A cargo del ejecutado a tenor del artículo 539 de la LEC:

«2. En las actuaciones del proceso de ejecución para las que esta ley prevea expresamente pronunciamiento sobre costas, las partes deberán satisfacer los gastos y costas que les correspondan conforme a lo previsto en el artículo 241 de esta ley, sin perjuicio de los reembolsos que procedan tras la decisión del Tribunal o, en su caso, del Letrado de la Administración de Justicia sobre las costas.

Las costas del proceso de ejecución no comprendidas en el párrafo anterior serán a cargo del ejecutado sin necesidad de expresa imposición, pero, hasta su liquidación, el ejecutante deberá satisfacer los gastos y costas que se vayan produciendo, salvo los que correspondan a actuaciones que se realicen a instancia del ejecutado o de otros sujetos, que deberán ser pagados por quien haya solicitado la actuación de que se trate».

Por todo lo expuesto,

SUPLICO AL JUZGADO:

Que teniendo por presentado este escrito junto con sus copias y documentos que se acompañan, lo admita y tras la práctica de las diligencias que considere oportunas, acuerde **DESPACHO DE EJECUCIÓN** frente a [PARTE_DEMANDADA] requiriéndole para que proceda al cumplimiento de [DESCRIPCIÓN], y condena en costas.

Es de justicia que pido en [LUGAR], a [DÍA] de [MES] de [AÑO].

Fdo.

PROCURADOR/A | ABOGADO/A

---

(1) Podemos acompañar el resto de los documentos de los que dispongamos y que están previstos en el artículo 550 de LEC.

(2) Habrá que acudir a lo establecido en este artículo y al caso concreto para saber si es preceptiva la intervención de abogado y procurador. Dicta el artículo 539 de la LEC, apartado 1, según la nueva redacción dada por la reforma de la LO 1/2025, de 2 enero, con entrada en vigor el 23/01/2025:

«1. El ejecutante y el ejecutado deberán estar dirigidos por letrado y representados por procurador, salvo que se trate de la ejecución de resoluciones dictadas en procesos en que no sea preceptiva la intervención de dichos profesionales.

En los supuestos establecidos por la ley, previa solicitud de la parte ejecutante, y a su costa, el juez, jueza o Tribunal podrá acordar que determinadas actuaciones materiales propias del proceso de ejecución sean efectuadas por el profesional de la procura que le represente.

En el ejercicio de las funciones contempladas en este apartado, y sin perjuicio de la posibilidad de sustitución prevista en la Ley Orgánica del Poder Judicial, el o la profesional de la procura de la parte actuará de forma personal e indelegable y su actuación será impugnable ante el letrado o letrada de la Administración de Justicia conforme a la tramitación prevista en los artículos 452 y 453. Contra el decreto resolutivo de esta impugnación se podrá interponer recurso de revisión.

Para la ejecución derivada de procesos monitorios en que no haya habido oposición, se requerirá la intervención de abogado y procurador siempre que la cantidad por la que se despache ejecución sea superior a 2.000 euros.

Para la ejecución derivada de un acuerdo de mediación o un laudo arbitral se requerirá la intervención de abogado y procurador siempre que la cantidad por la que se despache ejecución sea superior a 2.000 euros».

(3) Si hablamos de ejecución dineraria habrá que acudir a los artículos 571 y siguientes de la LEC, en concreto el artículo 575 para la determinación de la cantidad que se desea ejecutar que: «(...) se despachará por la cantidad que se reclame en la demanda ejecutiva en concepto de principal e intereses ordinarios y moratorios vencidos, incrementada por la que se prevea para hacer frente a los intereses que, en su caso, puedan devengarse durante la ejecución y a las costas de ésta. La cantidad prevista para estos dos conceptos, que se fijará provisionalmente, no podrá superar el 30 por 100 de la que se reclame en la demanda ejecutiva, sin perjuicio de la posterior liquidación.

Excepcionalmente, si el ejecutante justifica que, atendiendo a la previsible duración de la ejecución y al tipo de interés aplicable, los intereses que puedan devengarse durante la ejecución más las costas de ésta superaran el límite fijado en el párrafo anterior, la cantidad que provisionalmente se fije para dichos conceptos podrá exceder del límite indicado».

Contestación a la demanda por reclamación de cantidad derivada de cancelación de vuelo

AL JUZGADO DE PRIMERA INSTANCIA DE [LOCALIDAD]

Don/Doña [NOMBRE PROCURADOR/A CLIENTE], procurador/a de los tribunales de [LUGAR], actuando en nombre y representación de [NOMBRE CLIENTE], representación que acredito mediante [DOCUMENTO] y que presento como **documento n.º** [NÚMERO] y bajo la dirección técnica de don/doña [NOMBRE ABOGADO/A CLIENTE], ante el juzgado comparezco y como mejor proceda en derecho, **DIGO**:

Por medio del presente escrito vengo a formular **CONTESTACIÓN A LA DEMANDA** interpuesta por don/doña [NOMBRE DEMANDANTE], en base a los siguientes:

HECHOS

PRIMERO.- En [FECHA], el demandante compró un billete de avión a la compañía aérea [NOMBRE EMPRESA] con destino a [LUGAR] en el [DÍA] de [MES] de [AÑO], con salida desde el aeropuerto de [CIUDAD] hasta el aeropuerto de [CIUDAD].

SEGUNDO.- Llegado el día y hora de salida del vuelo, la compañía aérea demandada se vio obligada a cancelar el vuelo contratado debido a condiciones meteorológicas adversas que hacían imposible la realización del vuelo de manera segura. Esta cancelación fue comunicada al demandante en el aeropuerto de origen y por correo electrónico cuatro horas antes de la hora del vuelo.

Adjuntamos a la presente copia del correo electrónico enviado a la parte demandante como **documento n.º** [NÚMERO].

TERCERO.- La cancelación del vuelo se debió a **circunstancias extraordinarias**, concretamente a condiciones meteorológicas adversas, que no podían haberse evitado incluso si se hubieran tomado todas las medidas razonables. Estas circunstancias están contempladas en el **artículo 5.3 del Reglamento (CE) n.º 261/2004 del Parlamento Europeo y del Consejo, de 11 de febrero de 2004**, que exime a la compañía aérea de la obligación de pagar una compensación económica en tales casos.

Como acredita esta parte con [ESPECIFICAR] que aporta a la presente como **documento n.º** [NÚMERO].

Asimismo, es de interés de esta parte dejar claro que no solo los vuelos de la compañía aérea [ESPECIFICAR] han sido cancelados, sino que en el mismo horario no ha podido despegar ningún vuelo del aeropuerto de [ESPECIFICAR], tal y como se acredita con [ESPECIFICAR] que adjuntamos a la presente contestación como **documento n.º** [NÚMERO].

CUARTO.- La compañía aérea ofreció al demandante la posibilidad de reembolso del billete o un transporte alternativo en la fecha más próxima posible, cumpliendo así con las obligaciones establecidas en el artículo 8 del **Reglamento (CE) n.º 261/2004 del Parlamento Europeo y del Consejo, de 11 de febrero de 2004.**

QUINTO.- La compañía aérea ha actuado en todo momento conforme a la normativa vigente y ha tomado todas las medidas razonables para minimizar los inconvenientes causados al demandante, no siendo responsable de los daños y perjuicios reclamados por el mismo.

A los anteriores hechos le son de aplicación los siguientes,

FUNDAMENTOS DE DERECHO

PRIMERO.- JURISDICCIÓN Y COMPETENCIA

En cuanto a la jurisdicción, corresponde el conocimiento del pleito a los órganos jurisdiccionales ordinarios españoles, de conformidad con lo dispuesto en los artículos 117.3 de la Constitución Española; 2, 9.2 y 21.1 de la LOPJ y en los artículos 5 y 36 de la LEC.

Respecto del órgano competente para conocer del proceso, lo es el juzgado de primera instancia al que me dirijo correspondiente al domicilio del demandante, tal y como se desprende de las disposiciones del artículo 45 de la LEC y de artículo 85 de la LOPJ, apartado 1.

SEGUNDO.- CAPACIDAD Y LEGITIMACIÓN

Ambas partes se encuentran capacitadas y legitimadas activamente y pasivamente de acuerdo con lo previsto en los artículos 6, 7 y 10 de la LEC.

TERCERO.- POSTULACIÓN Y REPRESENTACIÓN

Esta parte actúa en representación de la compañía aérea demandada y comparecerá por sí misma, de acuerdo con lo establecido en los artículos 23 de la LEC y 31 de la LEC.

CUARTO.- PROCEDIMIENTO Y CUANTÍA

De acuerdo con los artículos 250.2 y 437 de la LEC, el procedimiento a seguir será el del juicio verbal al tratarse de demanda cuya cuantía no excede de los 15.000 euros.

La cuantía queda fijada, de acuerdo con el artículo 253 de la LEC, en [CANTIDAD] euros.

QUINTO.- FONDO DEL ASUNTO

El **Reglamento (CE) N.º 261/2004 del Parlamento Europeo y del Consejo de 11 de febrero de 2004 por el que se establecen normas comunes sobre compensación y asistencia a los pasajeros aéreos en caso de denegación de embarque y de cancelación o gran retraso de los vuelos,** en concreto el artículo 5 cancelación de vuelos, artículo 7 derecho a compensación, artículo 8 derecho al reembolso o a un transporte alternativo y artículo 9 derecho a atención.

El **artículo 5.3 del Reglamento 261/2004 del Parlamento Europeo y del Consejo de 11 de febrero de 2004** establece que un transportista aéreo no está obligado a pagar una compensación si puede probar que la cancelación se debe a «circunstancias extraordinarias que no podrían haberse evitado incluso si se hubieran tomado todas las medidas razonables». La jurisprudencia de la Unión Europea ha interpretado que las circunstancias extraordinarias son aquellos eventos que no son inherentes al ejercicio normal de la actividad del transportista aéreo y que escapan al control efectivo de este debido a su naturaleza u origen.

En el caso específico de condiciones meteorológicas adversas, estas pueden ser consideradas como circunstancias extraordinarias, siempre y cuando el transportista aéreo pueda demostrar que dichas condiciones eran incompatibles con la realización del vuelo y que no podrían haberse evitado incluso si se hubieran tomado todas las medidas razonables, como debidamente ha acreditado esta parte con toda la documentación aportada.

Así, el considerando 14 del **Reglamento (CE) n.º 261/2004, del Parlamento Europeo y del Consejo, de 11 de febrero de 2004**, arroja algunos ejemplos, como inestabilidad política, condiciones meteorológicas incompatibles con la realización del vuelo, riesgos para la seguridad, deficiencias inesperadas en la seguridad del vuelo y huelgas que afecten a las operaciones de un transportista aéreo encargado de efectuar un vuelo.

La **sentencia del Juzgado de lo Mercantil de Barcelona n.º 269/2021, de 20 de julio, ECLI:ES:JMB:2021:6067:**

«4. El artículo 5 del Reglamento (CE) n.º 261/2004 del Parlamento Europeo y Del Consejo, de 11 de febrero de 2004, por el que se establecen las normas comunes sobre compensación y asistencia a los pasajeros aéreos en el caso de denegación de embarque y de cancelación o gran retraso de los vuelos, tras prever en su articulado los derechos del pasajero afectado por una cancelación ante la compañía aérea, establece en su n.º 3 lo siguiente: 'Un transportista aéreo encargado de efectuar un vuelo no está obligado a pagar una compensación(...) si puede probar que la cancelación se debe a circunstancias extraordinarias que no podrían haberse evitado incluso si se hubieran tomado todas las medidas razonables'.

5. La jurisprudencia de la Unión Europea ha analizado la expresión del Reglamento 261/2004 'circunstancias extraordinarias' interpretando que ésta designa un acontecimiento que no es inherente al ejercicio normal de la actividad del transportista aéreo afectado y que escapa al control efectivo de éste a causa de su naturaleza o de su origen (sentencia del Tribunal de Justicia -Sala Tercera- de 31 de enero de 2013 y -Sala Cuarta- de 19 noviembre 2009). Asimismo, la Sentencia del Tribunal de Justicia de la Unión Europea -Sala Cuarta- de 22 de diciembre de 2008, remarcó que ' el legislador comunitario ha querido reducir los trastornos y molestias ocasionados a los pasajeros por las cancelaciones de los vuelos incitando a los transportistas aéreos a anunciar por adelantado las cancelaciones y a proponer, en determinadas circunstancias, un transporte alternativo que responda a ciertos criterios. El legislador comunitario ha manifestado igualmente su voluntad de que los transportistas aéreos compensen a los pasajeros en el caso de que no puedan adoptar tales medidas, salvo cuando la cancelación se deba a circunstancias extraordinarias que no habrían podido evitarse aunque se hubieran tomado todas las medidas razonables', añadiendo luego que 'está claro que, aunque el artículo 5, apartado 1, letra c), del Reglamento núm. 261/2004 sienta el principio del derecho de los pasajeros a obtener una compensación en caso de cancelación de un vuelo, el apartado 3 de dicho artículo, que determina las condiciones en las que el transportista aéreo encargado de efectuar el vuelo no está obligado a abonar dicha compensación, debe entenderse como una excepción a dicho principio. Por lo tanto, este último apartado debe ser objeto de interpretación estricta' y que 'según se recoge en el decimocuarto considerando del Reglamento núm. 261/2004, que tales circunstancias pueden producirse, en particular, en casos de inestabilidad política, condiciones meteorológicas incompatibles con la realización del vuelo, riesgos para la seguridad, deficiencias inesperadas en la seguridad del vuelo y huelgas que afecten a las operaciones de un transportista aéreo'. 'Estos últi-

mos son ejemplos que deben analizarse a la luz del caso concreto, sin que sean admisibles automatismos en su aplicación, más teniendo en cuenta que no se contienen en el texto articulado, sino en el citado preámbulo del Reglamento', según recoge la SAP de Madrid N° 99/2013, Sección 28ª, de 5 de abril».

SEXTO.- COSTAS

Procede la imposición de costas a la parte demandante de acuerdo con lo establecido en el artículo 394 de la LEC.

Por lo expuesto,

SUPLICO AL JUZGADO:

Teniendo por presentado este escrito, con sus copias y documentos que se acompañan, se sirva admitirlo y, en su virtud, tenga por formulada **CONTESTACIÓN A LA DEMANDA** interpuesta por don/doña [NOMBRE DEMANDANTE] contra la compañía aérea [NOMBRE EMPRESA], y en su día, dicte sentencia desestimando íntegramente la demanda, con expresa imposición de costas a la parte demandante.

Es justicia que pido en [CIUDAD], a [DÍA] de [MES] de [AÑO].

Fdo. [PROCURADOR/A] | Fdo. [ABOGADO/A]

Recurso de apelación en caso de indemnización por cancelación de vuelo

Procedimiento [NÚMERO] / [AÑO]

A LA AUDIENCIA PROVINCIAL DE [LUGAR] (1)

Don/Doña [NOMBRE_PROCURADOR_CLIENTE], procurador/a de los tribunales y de don/doña [NOMBRE_CLIENTE], según tengo acreditado en los autos de juicio [ESPECIFICAR] señalados con el número [NÚMERO] bajo la dirección letrada de don/doña [NOMBRE_ABOGADO_CLIENTE], ante esta audiencia comparezco y como mejor proceda en derecho,

DIGO

En la representación que ostento y por medio del presente escrito, dentro del plazo de veinte días que me ha sido conferido, interpongo, en tiempo y forma, **RECURSO DE APELACIÓN** frente a la sentencia **(2)** dictada el [FECHA] por el [JUZGADO] en el procedimiento [ESPECIFICAR] n.º [NÚMERO_PROCEDIMIENTO], de conformidad con las siguientes,

ALEGACIONES

PREVIA.- Se presenta el recurso de apelación, con base en el artículo 455 de la LEC y siguientes **(2)**.

El recurso se presenta en el plazo y en la forma prevista en el artículo 458 de la LEC **(1)**.

La resolución que se recurre n.º [NÚMERO] de fecha [FECHA], se dictó en procedimiento [ESPECIFICAR] **(3)** por el que se reclama la cantidad de [CANTIDAD] **(4)** euros en concepto de indemnización por la cancelación del vuelo [ESPECIFICAR].

PRIMERA.- MOTIVOS DE APELACIÓN (5)

La sentencia de primera instancia absolvió a la compañía aérea [ESPECIFICAR] demandada de abonar la indemnización por la cancelación de vuelo y demás daños y perjuicios ocasionados a mi mandante y, ello por cuanto entiende que queda exonerada de responsabilidad por la concurrencia de circunstancias extraordinarias —condiciones meteorológicas adversas— que impide se lleve a cabo el vuelo programado.

La sentencia incurre en error en la apreciación del concepto de «circunstancias extraordinarias» derivado del artículo 5.3 del Reglamento (CE) n.º 261/2004 del Parlamento Europeo y del Consejo de 11 de febrero de 2004 y en la valoración de la jurisprudencia existente al respecto.

Asimismo, incurre la sentencia recurrida en error en la valoración de la prueba en tanto la propia compañía aérea demandada ha puesto de manifiesto que el vuelo no se ha operado por cuanto no disponía en ese momento de los pilotos especializados ni del avión necesario para volar en tales condiciones.

En cuanto al concepto de «circunstancias extraordinarias» que pueden exonerar de responsabilidad a la compañía aérea se infiere del artículo 5.3 del Reglamento (CE) n.º 261/2004 del Parlamento Europeo y del Consejo de 11 de febrero de 2004, que son aquellas circunstancias que no hubieran podido evitarse incluso si se hubieran tomado todas las medidas razonables. Añadiendo, además, reiterada jurisprudencia (a título de ejemplo, la **STJUE n.º C-501/17, de 4 de abril de 2019, ECLI:EU:C:2019:288**) que tendrán tal consideración los acontecimientos que, por su naturaleza o su origen, no sean inherentes al ejercicio normal de la actividad del transportista aéreo afectado y escapen al control efectivo de este.

Entre ellas alude el considerando 14 del citado Reglamento a las condiciones meteorológicas incompatibles con la realización del vuelo, si bien no siempre tales condiciones exoneran de responsabilidad al transportista, para ello han de reunir todas las notas características del concepto de circunstancia extraordinaria expuestas, lo cual, entendemos, no ocurre en este caso.

En este caso, entendemos no se dan todos los extremos exigidos para apreciar la concurrencia de circunstancias extraordinarias asociadas a las condiciones meteorológicas adversas, toda vez que la compañía demandada no ha puesto todos los medios a su alcance para evitar que aquellas circunstancias provocasen la cancelación del vuelo y las consecuencias derivadas de este hecho. Esto es así ya que si la compañía hubiera dispuesto de pilotos especializados en las particulares condiciones y del avión adecuado para operar vuelos de estas características no se hubiera procedido a la cancelación del vuelo con los consiguientes perjuicios para mi mandante.

La compañía aérea no ha probado la concurrencia de circunstancias extraordinarias en los términos señalados. Además, ha reconocido el hecho de que la causa de la cancelación no era la condición meteorológica adversa —que sí se ha acreditado— sino que el vuelo estaba organizado con unos requisitos personales y técnicos que no permitían afrontar circunstancias meteorológicas adversas. Tampoco ofrece explicación alguna al hecho de que, sin haberse restringido el espacio aéreo por las autoridades competentes, sus vuelos resultasen cancelados mientras que otras compañías sí pudieron operar los suyos en las mismas condiciones.

Es decir, la cancelación del vuelo y las consiguientes consecuencias para mi mandante se debieron a un motivo puramente económico y de desorganización de la compañía aérea, lo cual refleja, claramente, el hecho de que otras compañías que sí habían adoptado las medidas pertinentes pudieron operar sus vuelos, en condiciones meteorológicas idénticas, sin problema alguno.

En este sentido, resulta interesante la **sentencia de la Audiencia Provincial de Asturias n.º 27/2024, de 25 de enero, ECLI:ES:APO:2024:443**, que, citando numerosas sentencias europeas, señala:

> «(...) Es decir, el transportista debe demostrar que, incluso utilizando todo el personal o todo el material y medios financieros de que disponía, le habría resultado manifiestamente imposible evitar que las circunstancias extraordinarias con las que se vio enfrentado provocaran la cancelación del vuelo, salvo a costa de aceptar sacrificios insoportables para las capacidades de su empresa en aquel momento, como ya había resuelto la STJUE DE 22 de diciembre de 2008, C- 549/07.
>
> 7. Apunta la SAP de Vizcaya, sección 4, 1211/2022, de 20 de diciembre, que " dicha prueba debe ir encaminada a acreditar no solamente que en las franjas horarias del vuelo de referencia existía en el aeropuerto de despegue o aterrizaje una determinada condición meteorológica que, en general, puede afectar a la seguridad de la navegación aérea, sino que, además, es preciso que

la prueba vaya encaminada a acreditar que la condición meteorológica afectó de una manera concreta y específica al vuelo en cuestión y que la compañía demandada no podía hacer razonablemente nada para evitar el retraso o la cancelación. Este criterio de afectación concreta del vuelo no se colma con la mera indicación de que el vuelo en cuestión se retrasó o fue cancelado"».

Añade:

«(...) Islandia no era un destino primordial en su estrategia comercial y que tendrían que plantearse, de repetirse las circunstancias meteorológicas adversas - ha de insistirse, que no extraordinarias- si reorganizaban los medios personales y materiales o si dejaban de volar a ese destino como había sucedido con Madeira. Estamos pues, ante decisiones empresariales que en ningún caso son equivalentes a las causas de exoneración del derecho a la compensación de los viajeros afectados por la cancelación. Si la propia compañía organiza su personal, sus medios materiales y sus medios financieros sabiendo que no va a poder dar el servicio que sí podría garantizar con una inversión de medios superior, y que de hecho ofrecen otras compañías con condiciones meteorológicas similares, habrá de asumir las consecuencias económicas de la cancelación de los vuelos».

SEGUNDA.- DERECHO A INDEMNIZACIÓN

Acreditado, para esta parte, que las condiciones meteorológicas adversas que motivaron la cancelación del vuelo no constituyen circunstancias extraordinarias exoneratorias de responsabilidad para la compañía aérea ya que esta no ha acreditado la adopción de todas las medidas razonables para evitar tal consecuencia, solicitamos la indemnización correspondiente incluyendo:

– Reembolso de los billetes: [CANTIDAD] euros.

– Abono del billete comprado en otra compañía para realizar el viaje: [CANTIDAD] euros.

– La pérdida de ingresos por el trabajo no realizado en el lugar de destino al no llegar en la fecha prevista: [CANTIDAD] euros.

TOTAL: [CANTIDAD] **euros.**

En relación con el importe de la indemnización, resulta interesante lo dispuesto en la citada **SAP de Asturias n.º 27/2024, de 25 de enero, ECLI:ES:APO:2024:443:**

«Si el Reglamento 261/2004 no contiene ninguna disposición que limite los derechos de los pasajeros que se encuentren en situación de transporte alternativo, ni, por tanto, una eventual limitación de su derecho a compensación, y si según dicha sentencia tiene derecho a compensación el pasajero aéreo que, tras haber aceptado el vuelo alternativo haya llegado a su destino final tres horas o más después de la hora de llegada inicialmente prevista para ese vuelo alternativo, con mayor razón existirá ese derecho a la compensación sí el vuelo alternativo no se ve afectado por un gran retraso, sino por una nueva cancelación. Por ello, tiene razón el recurrente cuando solicita que la compensación por la cancelación de los dos vuelos se fije en 800 €.

(...)

En suma, la indemnización debe comprender la totalidad del menoscabo económico sufrido, y ese menoscabo se identifica con la diferencia entre la situación de su patrimonio post-daño y la que tendría de no haberse producido este, ya por la disminución efectiva del activo (daño emergente), ya por la ganancia perdida o frustrada (lucro cesante).

6. Los documentos 8 y 9 de la demanda, valorados de acuerdo criterios de normalidad en la interpretación de las causas de los viajes y de los efectos de su frustración, son suficientes para entender que el motivo del viaje del demandante a Islandia era esencialmente laboral y que había sido contratado por la empresa Essence Of Iceland para trabajar como guía turístico. Los mismos documentos prueban el importe de los honorarios dejados de obtener durante los días 15 y 16 de marzo de 2022 debido a la cancelación de los vuelos (...)».

TERCERA.- PRUEBA (6)

– [DESCRIPCIÓN]

Por lo expuesto,

SUPLICO A LA AUDIENCIA:

Que tenga por presentado este escrito, lo admita junto con sus documentos y copias, y tenga por interpuesto RECURSO DE APELACIÓN, contra la sentencia (2) n.º [NÚMERO], y dicte resolución por la que, estimando este recurso de apelación, condene a la demandada al abono de la cantidad de [CANTIDAD] euros en concepto de indemnización e intereses por la cancelación del vuelo [ESPECIFICAR] y con condena en costas a la parte contraria.

Por ser justicia que pido en [CIUDAD], a [DÍA] de [MES] de [AÑO].

[FIRMA_ABOGADO/A] | [FIRMA_PROCURADOR/A]

PRIMER OTROSÍ DIGO: de conformidad con el apartado tercero de la disposición adicional 15.ª de la LOPJ esta parte ha consignado la cantidad de 50 euros en la cuenta de depósitos del juzgado, como se acredita mediante la copia del justificante de ingreso que aportamos como documento n.º [NÚMERO].

En su virtud,

SUPLICO:

Que tenga por efectuada la anterior manifestación a los efectos oportunos.

SEGUNDO OTROSÍ DIGO: siendo intención de esta parte cumplir con todos los requisitos legales, a tenor de lo previsto en el artículo 231 de la Ley de Enjuiciamiento Civil, se solicita se le diere traslado de cualquier defecto que adoleciere la presente demanda, para la inmediata subsanación de la misma.

En su virtud,

SUPLICO:

Que tenga por efectuada la anterior manifestación a los efectos oportunos.

Es justicia que pido en el lugar y fecha *ut supra*.

[FIRMA_ABOGADO/A] | [FIRMA_PROCURADOR/A]

---

(1) El **RD-ley 6/2023, de 19 de diciembre**, modifica el artículo 458 de la LEC, con entrada en vigor el 20/03/2024, de modo que ahora el recurso de apelación se interpondrá directamente ante el tribunal que sea competente para conocer del mismo en el plazo de veinte días desde la notificación de la resolución impugnada, debiendo acompañarse copia de dicha resolución.

(2) Puede presentarse recurso de apelación conforme establece el art. 455.1 de la LEC frente a las sentencias dictadas en toda clase de juicio, los autos definitivos y aquellos otros que la ley expresamente señale. Excepto sentencias dictadas en juicios verbales por razón de la cuantía cuando esta no supere los tres mil euros.

(3) Indicar el tipo de proceso. Se trata de un proceso por el que se reclama una cantidad en concepto de indemnización por la cancelación de un vuelo y los daños y perjuicios derivados de este hecho, así, tras la reforma operada por el **RD-ley 6/2023, de 19 de diciembre**, el recurso de apelación deriva de un juicio ordinario si su cuantía excede de 15.000 euros (artículo 249 de la LEC, apartado 2) y de un juicio verbal si su cuantía no excede de 15.000 euros (artículo 250 de la LEC, apartado 2).

(4) Si la sentencia recurrida deriva de un juicio verbal por razón de la cuantía esta debe ser superior a 3.000 euros para que aquella sea apelable (artículo 455 de la LEC, apartado 1).

(5) Indicar y desarrollar los pronunciamientos que se impugnan de la resolución recurrida. Si se alegan infracciones procesales debe acreditarse la indefensión sufrida, en su caso, y que se denunció oportunamente cuando se tuvo ocasión procesal para ello.

(6) El artículo 460 de la LEC permite aportar documentos en los casos previstos en el artículo 270 de la LEC y además solicitar pruebas en determinados casos que deben justificarse en este apartado del recurso.